高等职业教育高速铁路系列教材

高速铁路养路机械

邓经纬　主编
徐其瑞　刘铁军　主审

中国铁道出版社
2017年·北京

内容简介

本书为高等职业教育高速铁路系列教材之一。全书共分9章，主要介绍高速铁路养路机械概述，高速铁路小型养路机械，清筛机械，配砟整形车，捣固车，动力稳定车，钢轨打磨车，钢轨焊接机械，高速铁路养路机械作业管理。

本书为高职高专高速铁道工程技术专业、铁道工程专业、城市轨道交通工程技术专业教学用书，也可作为铁路相关专业技术人员培训用书、参考用书以及高速铁路、客运专线建设和养护维修从业人员的补充学习用书。

图书在版编目（CIP）数据

高速铁路养路机械/邓经纬主编．—北京：中国铁道出版社，2012.2（2017.7重印）
高等职业教育高速铁路系列教材
ISBN 978-7-113-13332-0

Ⅰ.①高…　Ⅱ.①邓…　Ⅲ.①高速铁路—养路机械—高等职业教育—教材
Ⅳ.①U238

中国版本图书馆CIP数据核字（2011）第268894号

书　　名：高速铁路养路机械
作　　者：邓经纬　主编

责任编辑：刘红梅　**电话：**010-51873133　**电子信箱：**mm2005td@126.com　**读者热线：**400-668-0820
封面设计：崔丽芳
责任校对：张玉华
责任印制：李　佳

出版发行：中国铁道出版社（100054，北京市西城区右安门西街8号）
网　　址：http：//www.edusoures.net
印　　刷：三河市宏盛印务有限公司
版　　次：2012年2月第1版　　2017年7月第3次印刷
开　　本：787 mm×960 mm　1/16　印张：9.5　字数：174千
印　　数：7 001～9 000册
书　　号：ISBN 978-7-113-13332-0
定　　价：22.00元

序

中国铁路一直认真贯彻党中央、国务院关于铁路技术装备现代化的部署，按照“先进、成熟、经济、适用、可靠”的技术方针，瞄准世界高速铁路最先进技术，通过原始创新、集成创新和引进消化吸收再创新的有机结合，取得了一系列重大技术创新成果，系统掌握了时速 250 km 和时速 350 km 速度等级的涵盖设计施工、装备制造、系统集成、运营管理等高速铁路成套技术，构建了具有自主知识产权和世界先进水平的高速铁路技术体系。目前，中国已经成为世界上高速铁路发展最快、系统技术最全、集成能力最强、运营里程最长、运行速度最高、在建规模最大的国家。

根据中长期铁路网规划，到 2020 年，铁路营业里程将达到 12 万 km 以上。其中，新建高速铁路将达到 1.6 万 km 以上；加上其他新建铁路和既有线提速线路，我国铁路快速客运网将达到 5 万 km 以上，连接所有省会城市和 50 万人口以上城市，覆盖全国 90%以上人口。

为了建设和维护好高速铁路，确保其高效、安全、准时和舒适平稳运行，必须要有一大批掌握高速铁路建设、运用与维护等专业知识的工程技术人员，这些技术人员目前迫切需要一本适合他们要求的、同时具有一定理论深度的相关教材或技术参考书。

湖南高速铁路职业技术学院正是在上述背景下，在广泛收集国内外

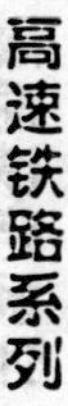

有关高速铁路的技术资料和调研的基础上，经过消化吸收和系统归纳整理，结合高职学院教学特点以及国内高速铁路运营实际，组织教师和大量现场工程技术人员共同编写了高速铁路系列丛书，主要涵盖铁道工程、铁道运营管理、铁道通信、铁道信号等专业，可供高等职业院校相关专业教学使用，亦可供高速铁路施工、运营、维护等技术人员培训使用。

相信本套教材的出版会为进一步提高教学质量、帮助学生更快适应工作岗位、促进铁路职工更好地提高专业技能打下坚实的基础，为中国高速铁路的发展做出应有的贡献。

丛书编委会
2011 年 4 月

前　言

中国高速铁路到2020年将超过1.6万km，并将形成一个强大的高速铁路网。为了确保高速列车能够高速、安全、平稳、准时运行，要求高速铁路线路几何参数始终处于良好的状态，因此高速铁道线路对几何参数技术标准要求极高，人工作业将无法达到这种标准，只能采用高速铁路养路机械为主要作业手段，根据线路变化情况，有计划、有重点的进行养修，以恢复线路完好的技术状态。自从1984年从国外引进大型养路机械进行线路维修、大修以来，铁路工务系统的作业方式和维修体制已经发生了根本性的变革，线路养护修理的质量、效率得到极大的提高；施工与运行的矛盾得到很大程度的缓解，施工生产中的事故明显减少，特别是在高速铁道线路养修中，大型养路机械更发挥了不可替代的作用。目前，铁路大型养路机械设备的品种和装备数量快速增加，大型养路机械使用的人员队伍正不断壮大。大型养路机械是资金密集、技术密集的现代化设备，具有结构复杂、生产率高、价格昂贵等特点，并且大型养路机械使用集运行、施工、检修于一身。而如何利用现代大型养路机械做好高速铁路的维修，必须要拥有一批熟悉并能正确使用现代线路维修作业的高速养路机械等专业技术人员，所以，要求高速铁路养路机械的运用人员必须具有较高的综合素质和技术业务水平，并通过专业培训和岗位学习使自身的能力得到不断提高，以达到更好地管好、用

好、维修好高速铁路线路。这是我们编写本书目的。

在编写时，体现高等职业教育教学改革的特点，突出实用性；并吸取相关教材的长处，结合作者在高职教学经验和现在应用层面上的要求，由浅入深，理论联系实际；内容上简明扼要，通俗易懂，图文并茂。

全书主要阐述了高速铁路养路机械设备的结构组成，动力及传动系统、工作装置，应用与管理等内容。

本书由湖南高速铁路职业技术学院邓经纬主编，铁道部运输局工务处徐其瑞、广州铁路集团公司客运基地刘铁军主审。在编写过程中，广州铁路集团公司衡阳工务段毛志鹏、廖振才提供了一些设备资料和帮助，广州铁路集团公司工务大修段衡阳焊轨厂雷斌、康志坚为本书焊接机械部分提供了宝贵的资料，湖南高速铁路职业技术学院邓昌大提供了宝贵指导意见、黎章文提供了部分相关资料，广州铁路集团工务大修段、客运专线运用维修基地给予了大力的支持并提供了宝贵的建议。在此一并致以衷心的感谢。

本书涉及的内容多，各方面的技术都是处在不断变化之中，同时由于编写时间仓促、作者水平有限，书中不妥之处恳请读者批评指正，以求不断提高。

编　者

2011 年 5 月

目 录

1 养路机械概述

1.1 我国铁路养路机械的运用情况和发展前景

1.1.1 养路机械的发展历程

我国铁路已经有百余年的历史。百余年来随着铁路事业的整体进步，铁路养护手段也得到了飞速发展，从人力到小型机械化，再到大型机械化。铁路养护手段发展的历史成为铁路百年史的缩影。

我们国家的养路机械是1954年开始研制，20世纪60年代以后，各铁路局相继制成了起道、拨道、捣固、清筛、扒砟、回填、夯拍、钻孔、锯轨等一整套小、中型养路机械。大型养路机械发展是在80年代，中国铁路开始了现代化的进程，过去有的小型养路机械，已经很难达到人们对安全、工程质量的要求，这使得人们必须突破传统的养路工程质量观念，致力于现代养路设备研制与应用。

我国大力引进各种先进的大型养路机械产品及相关的先进技术，并将其投入到国内的大型养路机械生产厂家，这样，我国大型养路机械发展的途径：即“引进技术——吸收并消化——国内生产——自我探索、研发”。

我国自1989年引进奥地利普拉塞陶依尔公司大型养路机械设备以来，开发了清筛、捣固、稳定、配砟4个系列近30种具有自主知识产权的产品，结束了我国铁路靠人工养护的历史，使我国铁路养路机械的整体装备水平跨越了与国外近30年的差距。20世纪80年代中期，因为大型养路机械的普遍使用，从根本上变革了我国传统的铁路工务系统的维修体制和作业方式，大大提高了养护线路的质量和效率，解决了运行和施工之间的矛盾，而且大大降低了施工过程中发生事故的可能性，特别在高速铁道线路养修中发挥了不可替代的作用。

1990年7月，昆明中铁大型养路机械集团有限公司(以下简称“昆明中铁”)引进奥地利普拉塞陶依尔公司技术生产的08-32型捣固车试制成功，实现了我国大型养路机械国产化生产零的突破。以后的十几年间，他们相继完成了清筛、捣固、配砟、稳定、钢轨打磨等多个系列9个产品的技术引进国产化和合作生产，14个产品的自主研发，5个用于青藏铁路建设的高原型养路设备的改型设计生产。这28个大中小型养路机械系列产品的配套生产，使我国国产大型养路机械制造水平迅速与世界保持

同步。大型养路机械的广泛使用，大大推动了我国铁路事业的继续向前发展，特别满足了近几年高速铁路运营线路的维修养护。为适应高速铁路养护维修，先进、专业的大型养路机械种类和数量的逐渐增多，包括操作人员在内的大型养路机械的队伍也在迅速地发展，以满足高速铁路线路养修的基本要求。

1.1.2 大型养路机械的发展趋势

1. 大型养路机械在高速铁路养修中的作用

养路机械是铁道线路维修作业的专业设备。实现养路机械化是提高铁路线路维修质量，提高作业效率，确保列车快速、安全、正点并减轻工人劳动强度的重大措施。

高速铁路的大发展，要以线路维修养护机械装备的现代化做基础。高速铁路的特点是：高速、高密度的列车运行，最小间隔可达 3 min；高速铁路线路分有砟线路和无砟线路，对有砟线路，要求有砟线路采用特级道砟，道床厚 350 mm，铺设精度高低和轨向≤2 mm/10 m，水平≤2 mm，扭曲≤2 mm，轨距±2 mm。要求高速铁路线路几何参数始终处于良好状态，才能确保列车准时、安全、快速的通过能力，而列车运行后这些线路的几何尺寸会发生变化，人工作业将无法达到这样的标准，只能采用以大型养路机械为主要作业手段，根据线路变化情况，有计划、有重点地进行养修，以恢复线路完好技术状态。因此必须具有先进的线路养修设备。

2. 目前我国铁路大型养路机械的运用情况

据统计，截至 2008 年底，我国铁路现有大型养路机械的作业能力分别达到线路捣固 33 000 km，道床清筛 3 520 km，钢轨打磨 4 200 km，道岔捣固 12 600 组。中国铁路养护方式的进步，无疑彰显了铁路整体水平的提升。

3. 发展高效、智能化、多功能的大型养路机械

按照铁道部的战略发展思想，“先进、成熟、经济、适用、可靠”的原则；以昆明中铁为代表，在高起点引进、消化和吸收国际先进技术基础上，攻克了大型养路机械集机械、电气、液压、气动、激光、计算机和自动控制等专业技术于一体，集成性强，技术难度大的难题；成功实现了电气控制系统、激光准直系统和制动系统等关键技术的再创新，研制了捣固车自动导航计算机、稳定车计算机控制、大型养路机械通用数字程控、大型养路机械专用空气制动、二维自动跟踪新型激光准直系统，使捣固车、连续式捣固车、道岔捣固车、全断面道砟清筛机等主要机型实现了国产化，生产技术达到了国际先进水平。

(1)高效化的大型养路机械

近年来出现的 QS-650 型高效道砟清筛车的道砟处理能力得到大大提高，DWL-48 型三枕连续式捣固稳定车，作业速度最高可达 2.2 km/h，比 08-32 捣固车效率提

高近一倍。大型养路机械高效化也带来设备的大型化，清筛车总长、总重分别约为单车式型清筛机的2.5倍和3.2倍。

(2)大型养路机械作业精度进一步提高

大型养路机械的作业精度进一步提高，如DWL-48型三枕连续式捣固稳定车型与高精度测量车配合，使用连续式捣固车与系统三维测量系统配合使用，可满足高速铁路轨道高平顺性的要求。

(3)高效、智能化、多功能的大型养路机械正逐步发展

一机多功能，大型三枕连续式捣固稳定车将连续式捣固、轨道稳定功能集为一体，大大提高了该机的作业效率和作业精度；正线和道岔联合捣固车可使正线和道岔达到相同的捣固质量，消除了从正线过渡到道岔的作业斜坡，保证了轨道几何参数的一致性。

此外智能化和环保化等也是今后大型养路机械的发展方向。

1.1.3 中国跻身世界先进大型养路机械行列

铁路进入高速时代，需要以线路维修养护机械装备的现代化做基础。

DWL-48型三枕连续式捣固稳定车的生产，使我国大型养路机械制造水平进入世界先进行列。这套设备能大大提高线路维护的生产效率和质量，能适应高速铁路的养护要求。该设备如图1.1所示。

图1.1 DWL-48型三枕连续式捣固稳定车

DWL-48型三枕连续式捣固稳定车实现了捣固、稳定功能合一，由一次捣固两枕提高到一次捣固三枕，满足了高速铁路对高效、高精度线路养护机械的需要，填补了国内大型养路机械捣固稳定联合作业的空白。

QS-650型高效全断面道砟清筛车，道砟处理能力大大提高，该设备如图1.2所示。

图 1.2 QS-650 型全断面道砟清筛车

CMC-16 型道岔打磨车，中国铁建生产的专业道岔打磨车，性能优良，如图 1.3 所示。

图 1.3 CMC-16 型道岔打磨车

2007 年 7 月中国北车集团北京二七机车有限责任公司通过技贸结合的方式，与瑞士斯彼诺公司（SPENO）合作生产了 GMC-96 型钢轨打磨列车。这种先进的

GMC-96 型钢轨打磨列车，可在运行中对线路上的钢轨进行磨削，以消除因重载、高速运输对钢轨造成的损伤，延长钢轨使用寿命，保证高速列车平稳安全运行。该设备如图 1.4 所示。

图 1.4　GMC-96 型钢轨打磨列车

大型养路机械是铁路技术装备现代化的重要组成部分，以昆明中铁为代表的铁路机械企业，为铁路装备现代化作出了重要贡献，这些车型的生产，标志着我国铁路大型养路机械国产化拉开了新的序幕。实现铁道部"掌握世界一流技术，生产世界一流产品，建成世界一流基地"的目标，在不久的将来，所有主型产品实现国产化，中国铁建装备制造业会进一步做强做大。

1.2　养路机械的分类和组成

1.2.1　养路机械的分类

养路机械是专门对铁路线路进行养护、修理、更换及检测的专业机械设备。养路机械的分类如下：

1. 根据养路机械质量（重量）来分

可以分为：轻型和重型两类。

轻型机械如液压捣固机械、电镐、边坡清筛机等，重量轻体积小、构造简单，作业时不要求封闭线路，不需借助任何辅助设备，可以随时上道、下道，适用于线路维修保养。

重型机械如大型液压捣固车、大型的道砟清筛机等，体重、形状大、效率高，工作时需要占据线路，要在列车运行图中预留"天窗"，重型机械效率高，操作人员少，减轻了工人劳动强度，作业质量好，适用于线路的大修与新建。

2. 根据养路机械动力源来分

可以分为内燃、电动两类。

内燃机主要是柴油机和汽油机两种。内燃机直接安装在机械设备上，机械在哪里作业，即可在哪里发动，特别适合于流动作业的需要，但内燃机容易损坏，维修量大，作业时噪声大。

以电动机为动力的机械，电源一般为两种：一是配备内燃机发电机组；一是采用固定电源。目前我国以内燃机发电为主，固定电源采用的少。使用电动机为动力，操作简单，维修方便，但在区间需要搬移发电机组或固定电源等，造成工作不便。

3. 根据养路机械作业用途分

按作业项目区分，就是以作业项目的名称来给养路机械命名。用于捣固作业的机械叫捣固车；用于道床石砟清筛的机械叫清筛机；此外还有起拨道机、回填机、夯拍机、锯轨机、钻孔机、轨缝调整器等。

1.2.2　养路机械的组成

1. 动力部分

动力装置是工作机械动力的来源，由他提供或转换为机械能，作为各种养路机械的原动力。如柴油机、汽油机、电动机、空气压缩机等。

2. 传动系统

传动部分是把原动部分的运动和动力传递给工作部分的中间环节。养路机械的传动部分主要是机械传动（如皮带传动、齿轮传动、链传动等）和液压传动（如液压泵、液压马达、液压缸等）两种形式。

3. 工作装置

工作装置主要完成机械预定目的的动作，处于真格传动的终端，其结构形式要取决于机械本身的用途。例如液压捣固车的捣镐、清筛机的筛子等。

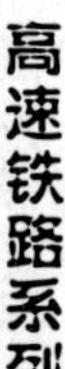

4. 走行系统

养路机械在作业过程中的走行由走行装置完成。走行装置包括走行轮、走行轨、转向架等。走行轮可在钢轨上行走与路肩上行走，也可以在另设的走行轨上走行。有的还装有制动设备。

5. 制动系统

大型养路机械采用空气制动和液压制动，区间运行大多采用空气制动，作业运行

时应用液压制动，为了运行的安全可靠性，现代养路机械制动系统关键技术实现再创新。

6. 操作系统

操作系统是养路机械的控制中心。养路机械的操作系统主要采用：机械操作、电气操作和液压操作系统以及包括反映线路状态的各种检修设备、仪表和电视监视设备等。

7. 自动控制与计算机辅助系统

大型养路机械集机械、电气、液压、气动、激光、计算机和自动控制等专业技术于一体，集成性强；成功实现了电气控制系统、激光准直系统创新；研制了计算机自动导航、计算机控制作业、大型养路机械通用数字程控、二维自动跟踪新型激光准直系统。

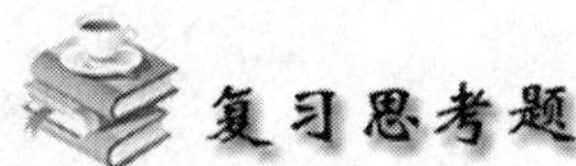

复习思考题

1. 中国高速铁路养路机械发展的途径？
2. 现代高速铁路养路机械的特点？
3. 养路机械是怎样分类的？一般由哪几部分组成？

2　高速铁路小型养路机械

我国高速、重载和高原铁路的发展，大型养路机械得到了充分的发展，大型养路机械在铁路建设和线路维修过程中产生了较好的经济效益；但先进、高效的现代小型养路机械在高速铁路作业维修和辅助修理中也发挥了应有作用。为了实现小型养路机械安全正确使用，铁道部自 2005 年以来实行 CRCC 产品认证管理。基于全面学习的目的，下面介绍的几种现代小型养路机械，虽还未取得 CRCC 产品认证书，本章也将进行全面介绍。

2.1　液压动力扳手

液压扳手用于高速铁路，对轨枕螺栓帽进行扭紧、扭松作业。机动扳手具有精确高、恒定的拧紧力，快速拧紧时主轴转速和力矩的切换，特别适用于高速线路作业。实际扭转和设定值的偏离值不超过 3%，转速、转矩可自动调节实现。

2.1.1　单头液压动力扳手

1. 用途

对轨枕螺钉帽进行扭紧、扭松作业。

2. 技术特点

设有液压极限扭矩控制器，伺服操纵机构；所要求的扭矩采用压力阀调节控制；两挡转速：70 r/min 和 195 r/min；扳手头的卡盘更换迅速快捷方便；更换成夹板螺栓卡头后，该液压动力扳手也可以对夹板螺栓进行作业。

3. 单头动力扳手类型

(1)图 2.1 所示为昆明奥通铁路机械有限公司 NLB-700 型内燃螺栓扳手。

①发动机：HONDA G×200 型空冷单缸四冲程汽油机。

②转轴：低速 71 r/min，高速 186 r/min；紧固力矩(可调：0～450 N·m)；瞬时紧固力矩(拧松时)：1 000 N·m。

③外形：长×宽×高为 1 750 mm×600 mm×750 mm。

④重量：88 kg。

⑤套筒头：可选择适用于 M24、M22 六角螺栓和螺纹道钉的套筒。特点为两挡速度，具有反向档，实现正反方向旋转，带金属锥形离合器，液压力矩通过伺服机构控制，准确调节。并从力矩表上显示，液压伺服机构紧急控制。套筒头带作业照明功能。

(2)图 2.2 所示为 Robel 30.71 型液压扳手。最大扭力：760 N·m，重量：100 kg。

图 2.1　NLB-700 型内燃液压动力螺栓扳手示意图

图 2.2　Robel 30.71 型精密机动液压动力扳手

其优点如下：

①扭矩由液压伺服控制系统进行调整，调节准确，并能在扭矩指示器上显示。

②符合人机工程设计，只需调到适合操作者的高度，作业过程便轻松自如。

③由汽油机供给工作时的照明。

④低耗损，锥形套筒可以自动调整抓紧螺钉帽。

⑤两挡速度，可使作业处于最优化状态。

⑥短期增加扭矩，可通过控制手柄进行系统压力变换来实现。

⑦液压伺服控制系统具有紧急控制功能。

⑧自动润滑系统。

⑨带耐磨轴承和绝缘滚轮的单轨车架(可选购：双轨车架)。

⑩双轨车架可横向移动扳手，使作业更方便。

⑪快速更换螺栓套筒卡具(可选购：垂直套筒、横向套筒)。

⑫装有横向螺栓套筒，对鱼尾螺帽进行扭紧，扭松作业。

2.1.2 Robel 30.42 双头同步机动扳手

1. 作用

双头同步上紧或者松螺栓作业，高精度，自动液压传动装置；

2. 性能特点

设有液压极限扭矩控制器，伺服操纵机构；两挡转速：80 r/min，196 r/min；扳手头的卡盘更换迅速快捷方便；扭矩由液压伺服控制系统进行调整，调节准确，并能在扭矩指示器上显示。最大扭力 900 N·m，重 188 kg，如图 2.3 所示。

3. 组成

动力发动机、液压系统、传动系统、转轴、工作机构(拧紧、拧松装置)、扭矩表。

图 2.3 双头同步机动扳手

2.1.3 新型的 MASTER35/40 内燃冲击扳手

1. 使用范围

MASTER 冲击扳手可以用于安装和拆卸辙枕螺栓(方头螺栓和鱼尾板联结板)。MASTER 机器可以在木枕上钻空，使用安全，并可快速松开夹具，使钻头在几秒内钻入和退出。紧固件可以在 7 s 内拧紧或拧松。

2. 基本技术参数

力矩范围:500～1 800 N·m,5 挡调节;螺栓范围:16～32 mm;尺寸规格:长 570 mm,高 270 mm,宽 445 mm;二冲程汽油发动机;重 18.2 kg。

3. MASTER35/40 内燃冲击扳手组成

主要由汽油发动机、齿轮箱、冲击装置、工作机具(钻头、冲击、套筒、夹钳)组成,如图 2.4、图 2.5 所示。

图 2.4　MASTER35/40 内燃冲击扳手

图 2.5　MASTER35/40 内燃冲击扳手作业功能示意图

2.1.4　机动扳手作业安全要求

(1)启动之前,必须检查变速器齿轮箱中的油位。

(2)只能由经过培训的人员来操作。

(3)只能在停机状态下加油,并注意防火。

(4)必须遵守发动机说明书中的安全条例。

(5)远离旋转套筒头。

2.2 液压道岔起拨道机

液压道岔起拨道机型号多种，YQB-400 型液压道岔起拨道机是主要机型之一，主要用途是对道岔及线路进行起、拨道维修作业。适用于：43 kg/m、50 kg/m、60 kg/m 等轨型的标准轨距道岔及线路起、拨道作业。

该机集起、拨道功能于一体，采用振动小、重量轻的本田汽油机作为动力，具有操作简便、单(双)边起道、单边拨道等特点，与旋转式下道架配合使用，能迅速可靠地上、下道，而且下道旋转后不侵入限界。该设备如图 2.6 所示。

图 2.6 液压道岔起拨道机示意图

2.2.1 YQB-400 型液压道岔起拨道机的组成和工作分析

YQB-400 型液压道岔起拨道机具有起拨道力大、操作简单灵活、使用维护方便、上下道安全可靠等特点，可利用列车封锁和慢行区间间隔时间上道作业，是线路维修养护不可缺少的机械。

1. 结构组成

YQB-400 型液压道岔起拨道机主要由：动力部分、操纵机构、机体、走行机构、起落装置、钩轨装置、起道装置、拨道装置、下道引导装置、下道架等十部分组成，其结构如图 2.7 所示。

(1)动力部分。YQB-400 型液压道岔起拨道机采用日本本田 GX390 风冷式汽油机为动力，带动齿轮油泵。

(2)起道部分。两个起道升降油缸分别固定在可以滚动的支架上，但可在主梁上

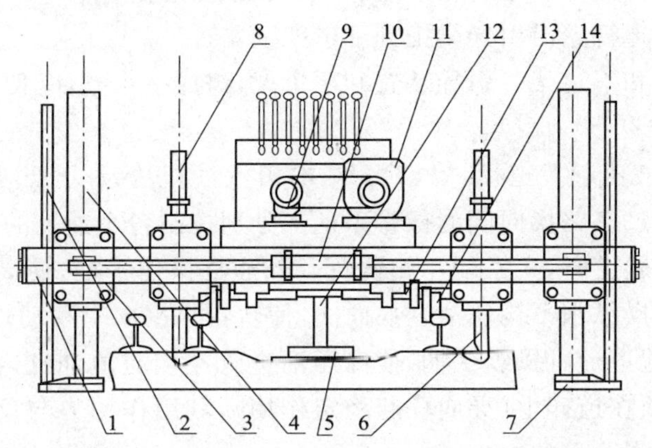

图 2.7 YQB-400 型液压道岔起拨道机构示意图

1—机体；2—导柱；3—起道油缸支架；4—起道油缸；5—旋转支座；6—钩轨装置；7—支座；8—钩轨升降油缸；9—齿轮泵；10—拨道装置；11—发动机；12—起落油缸；13—钩轨水平油缸；14—走行轮

水平移动。起道油缸附有导向柱，使之在起道时有很好的稳定性。起道油缸活塞杆端头与座板铰接，以增大受力面积。

(3)钩轨机构。钩轨机构由升降钩轨油缸、水平钩轨油缸、轨钩导套、轨钩等部件组成，两升降钩轨油缸采用与起道升降油缸相同的方式安装在机体主梁上，控制轨钩升降。而水平油缸铰接在机体上，可使轨钩沿主梁水平移动，以确保道岔不同位置的钩轨需要。

(4)拨道机构。两拨道油缸分别安装在机体前后两侧，油缸采用单活塞双作用结构，用于控制左右方向的拨道作业。

(5)起落机构。起落机构是起拨道机上下道必不可少的装置。起落油缸安装在机体中部的方孔中，需要下道时，将钩轨起道升降油缸收回，搬动控制起落油缸手柄(也可用手压泵操纵)使油缸活塞杆及活塞杆下端的支撑座下顶(顶在两枕木空儿上)，平稳将整机顶起后旋转 90°，将走行轮对准两引导梁，确认四个走行轮踏面全部落在引导梁上后，沿引导装置推到已调整好的下道架上，下道后抽出引导装置。上道时将起拨道机由下道架推到引导梁上，确认在轨道中心后，将机体旋转 90°将走行轮对正钢轨，缓慢落下，待 4 个走行轮踏面全部落在两股钢轨后，抽出引导梁(两槽钢)，即可进行工作。

(6)机体组成。机体主要由主梁、油箱、筋板、走行机构等组成。主梁为整体焊接结构，油箱焊接在两主梁之间的中部。

(7)走行机构。由4个走行轮组成,分别安装在机架两侧轮架上,工作时可沿轨道行走,下道时由走行轮沿引导梁推到下道架上。

(8)引导装置和下道架。引导装置和下道架,组成一个整体,便于机具上下道。

2. 工作分析

YQB-400型液压起拨道机,以GX390本田汽油机为动力源,驱动齿轮泵,经过多路换向阀,再通过多路换向阀的操作手柄来分别控制各个油缸的工作。

(1)当需左股起道时,先搬动左侧钩轨升降油缸操作手柄,使高压油进入左侧钩轨升降油缸内;再操纵水平钩轨油缸换向阀,使轨钩水平向里移动,即完成钩轨动作。然后再搬动左侧起道油缸操纵手柄,使高压油进入左侧起道油缸内,活塞杆下降,带动导向杆及座板顶在道砟上(导向杆起稳定作用),利用作用力与反作用力原理把轨排抬起,达到起道作业目的。

(2)当需右股起道时,先搬动右侧升降钩轨油缸手柄及右侧水平钩轨油缸手柄,钩住轨底后,再搬动右侧起道油缸手柄,完成右股起道作业。需两股同时起道时,可同时搬动左、右侧起道油缸手柄,即可实现左、右两股钢轨同时起道(因位置不适当,无法钩轨时,可移动水平钩轨机构,使之在合适位置钩住钢轨)。

(3)当需要拨道时,应将轨排抬起后,根据所拨方向搬动控制拨道油缸手柄,即可完成拨道作业。

3. 主要技术参数

项　目	参　数	项　目	参　数
动力	9 kW(13马力)	液压系统工作压力	16.5 MPa
最大起道力	400 kN	最大拨道力	260 kN
起道油缸行程	800 mm	一次最大拨道量	170 mm

2.2.2　起拨道机的使用

按养路机械使用要求和维修规则正确使用。上道前进行设备检查与准备,安全正确上道,起道作业和拨道作业注意相关安全注意事项,安全下道并摆放稳妥。维修与保养主要分为日常保养与定期检修。

2.3　小型捣固机械

捣固作业是线路的养护维修工作中非常重要的工作,对线路的稳定至关重要,多

年来我国制造和引进了一些养护机械，如手提电动捣固机、小型液压捣固机等，替代了“洋镐”的使用，减轻了工人的劳动强度，提高了工作效率和作业质量。

2.3.1　小型内燃捣固机

适用于铁路有砟道床养护的一种小型养路机械，主要用于石砟道床的捣固作业。它是一种上下道迅速、操作轻便的捣固设备，特别适合道岔捣固作业。

1. ZT/ND-1/2 型捣固机

(1)组成

采用汽油机与捣固体直接连接的设计，主要由汽油机、减振器、传动轴、振动休和手把组成。设计新颖，结构紧凑。外形如图 2.8 所示。

图 2.8　ZT/ND-1/2 型捣固机

ZT/ND-1 型采用进口优质二冲程汽油发动机；ZT/ND-2 型采用进口优质四冲程汽油发动机，噪声更小，启动更快。

(2)设备特点

①即插式传动轴、中间无支撑设计，大大延长了使用寿命。

②钢套加强内减震装置和升降式操作减振手柄，既加强了减振效果又达到了可以自由升降目的，适合不同身高的职工进行捣固作业。

(3)技术参数

动力：日本原装汽油发动机(1.5HP)。

最高转速：7 200 r/min。

输出功率：1.43 kW。

额定转速：6 500 r/min。

重量：3.4 kg。

振动力：≥4 300 N。

振动幅度：1.5 mm。

振动频率：>130 Hz。

整机重量：(15±0.5)kg。

外形尺寸：1 030 mm×430 mm×400 mm。

2. 先锋四号冲击捣镐

先锋四号冲击捣镐(PIONEER Ⅳ)，在各种环境施工作业中，高效、强劲、单人单

机操作简单，作业更加迅速，比同类冲击捣镐更易启动，更适合长时间连续工作，不易熄火停顿，是同类冲击捣镐的替代产品。整机可配用多种尺寸的镐钎、镐铲，具有更大的兼容性，更利于各种形式的施工作业。结构设计充分结合人机工程学原理。其外形如图 2.9 所示。

(1)技术参数

发动机型号：1E45F-3A，单缸、风冷、二冲程。

排量：80 CC。

最大输出功率：2.0 kW。

油耗：1.1 L/h。

工作重量(含工具)：26 kg。

冲击频率：1 300 次/min。

单次冲击能：55 J。

燃油和机油混合比：50∶1。

工作转速：4 250 r/min。

燃油箱容量：2.0 L。

外形尺寸：840 mm×470 mm×350 mm。

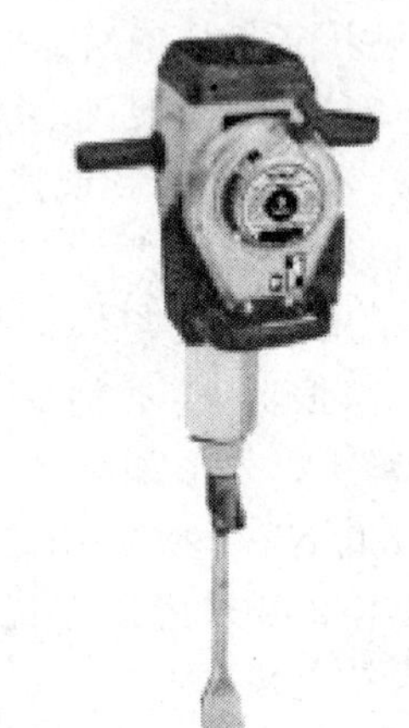

图 2.9　先锋四号冲击捣镐

(2)特点

工作原理：二冲程发动机通过离合器、齿轮、曲轴和气锤冲击装置传输至镐头。

先锋四号冲击捣镐(PIONEER Ⅳ)二冲程发动机，冲击强劲、平稳、低耗油量；顽固防损型外壳，使整机更适合各种恶劣环境工作；增加了新型燃油供给装置，长时间施工作业不熄火，更易启动；低噪声、低排放，使整机操作更加人性化。

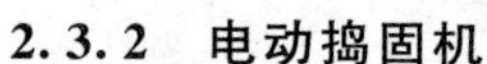

2.3.2　电动捣固机

电动捣固机是振动式捣固机的一种，采用较多的是手提式电动捣固机，一人操纵一台，每四台或八台同时进行捣固作业。手提式电动捣固机具有体积小、重量轻、上下道快、下插深度没有固定限位等特点，适应于道岔和线路的养护维修捣固。

1. 电动捣固机的工作分析

电动捣固机是利用振动密实方法完成捣固作业的。它是在电动机的转轴上安装偏心铁，然后使镐板与电动机的端盖相连接，作为捣固机的振源。当电动机接通电源后，电动机带动装在转子轴上的偏心铁以同样的速度随着转子而转动，产生方向变化的离心式振动力。该振动力传递给镐板和镐头，即形成对道砟的扰动力。振动着的镐板插入道床后，道砟受到振动扰动力的作用后也处于振动状态，迫使道砟近乎处于“流动状态”，经过一定时间的振动后，从而达到枕下道砟密实，即实现捣固作业。

2. 电动捣固机的结构

电动捣固机的类型较多,但它们的结构则大同小异,主要由镐板、振动电机及构架等三部分组成。图 2.10 所示为 DZG-380 型电动捣固机的结构。

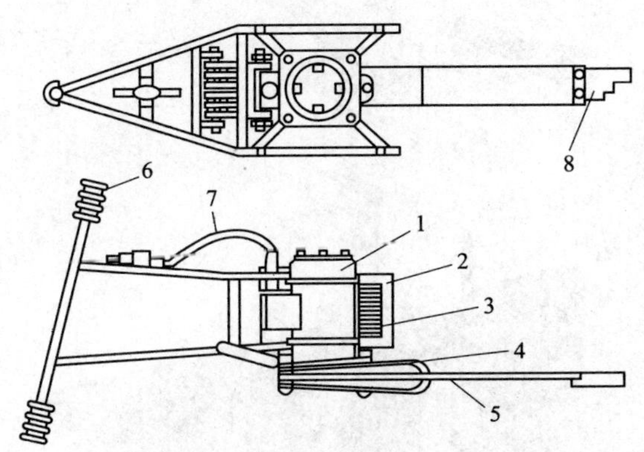

图 2.10 DZG-380 型电动捣固机

1—振动电机;2—框架;3—减振圈;4—副镐板;5—镐板;
6—手把套;7—电源线;8—镐头

(1)镐柄与框架。它是电动捣固机的操纵部分。镐柄由钢管焊接而成,外套两个橡胶套。为了防止振动传至镐柄,在镐柄、框架与振动电机之间设置橡胶环来减振。

(2)振动电机。它是电动捣固机的振动源。振动电机是在一个普通的三相异步小电动机的转轴上安装一个偏心铁装置来实现。

(3)镐板与镐头。镐板由两个副镐板夹住,以防止镐板根部局部受力过重而疲劳折断。在镐板的头部安装有镐头,与道砟直接接触捣固。

镐头直接插于道砟,很容易磨损。因此,要求镐头的材料要具有较高的硬度,一般由铬镍合金材料或球墨铸铁材料制造。

3. Robel 62.04 电动捣固装置

其由一台发电机组,4 个电振动捣固器组成。一台发电机组提供电动捣固器电源,4 个振动捣固器,每个功率 0.4 kW,每个振动捣固器重量:34.8 kg。该装置如图 2.11 所示。

每个电动捣固器由电动马达,可调节高度的减震杆,11 m 长的带特殊连接插头的线,捣镐(锋口含 12%锰合金钢)制成。适用于 40 mm 以下道砟的木枕和水泥枕,每分钟振动次数:4 200 次。

一个动力装置安装在两轮手推车上,组成如下:Briggs & Stratton 汽油发动机,

型号 254422IC，四冲程，风冷式，11 马力（1 马力＝735 Ω），工作转速 3 600 r/min。

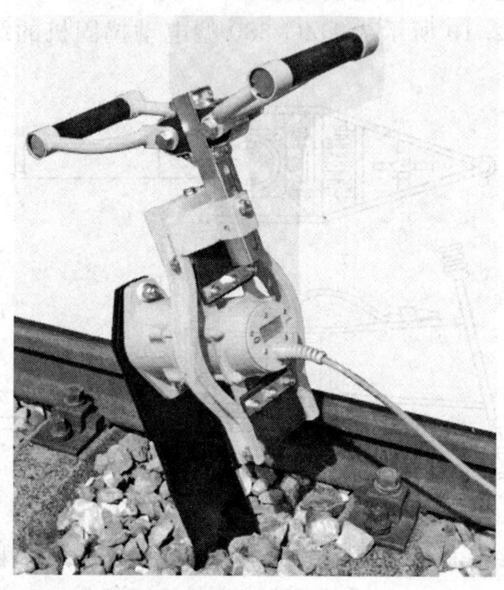

图 2.11　Robel 62.04 电动捣固装置

4．电动捣固机的使用

（1）使用前应检各连接件是否紧固。

（2）接通电源后，先使电动捣固机空转 1 min 左右，观察是否正常，正常后方可使用。

（3）捣固作业时，使捣固机在距离钢轨边缘 20～30 mm 处下镐，使镐板与轨枕面约成 45°角，然后不停地来回抽镐，并使镐板逐渐增大角度到 80°左右，使道砟容易进入枕底。

（4）作业时严禁乱扔捣固机，以免损坏电机外壳。

（5）防止电机漏电伤人，在大雨天应停止使用。

（6）在捣固作业过程中，应随时注意机具运转情况，如发现故障或异常现象，必须停机下道检修。

（7）操纵人员工作时，应穿胶鞋、带绝缘手套，安全操作，以防触电。

目前中国市场已出现蓄电池供电的电动捣镐。

2.4 小型钢轨仿行打磨机

2.4.1 Robel13.44 钢轨仿行打磨机

钢轨焊接接头的理想打磨机,特选配件:波纹打磨辅助导轮,道岔打磨延长臂,铰合火花保护装置。重 60 kg。

图 2.12 Robel13.44 钢轨仿行打磨机

2.4.2 Robel 13.03 钢轨轨腰打磨机

作用:轨腰部位打磨、除锈,确保闪光对焊连续导电,也可为绝缘接头的安装作准备。重 124 kg(包括移动小车)。图 2.13 即为 Robel 13.03 钢轨轨腰打磨机。

图 2.13 Robel 13.03 钢轨轨腰打磨机

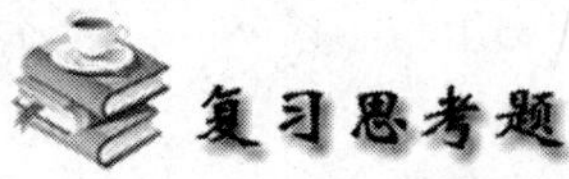

复习思考题

1. 简述小型养路机使用的必要性。
2. 捣固机有几种类型?
3. 新型 MASTER35/40 内燃冲击扳手可用于哪几方面作业?
4. 简述钢轨打磨机的使用注意事项。
5. 昆明奥通 NLB-700 型内燃螺栓扳手有何特点?

3 全断面枕底清筛机

铁路线路在运营过程中，道床石砟会受到污染。当其不洁度(按重量计)超过30%时，就应该进行清筛。道床清筛是线路大修作业中的一项工作量大、劳动强度高的作业项目，目前我国已基本上采用道砟清筛机来完成道砟清筛作业。

道砟清筛机是用来清筛道床中道砟的作业机械。它将脏污道砟从轨枕下挖出，进行筛分后，将标准、清洁道砟回填至道床，筛出的污土和废砟则清除到线路外。

清筛机械根据使用的范围不同，分为：边坡石砟清筛机械和全断面石砟清筛机械。

清筛机按单位时间的道砟处理量(生产率)不同，清筛机可分为三类：

(1)大型清筛机，生产率>500 m^3/h，如SRM80型全断面道砟清筛机。

(2)中型清筛机，生产率300～500 m^3/h，如QQS-300型清筛机。

(3)小型清筛机，生产率<300 m^3/h。

QQS-300型清筛机是我国自行研制的中型全断面道砟清筛机，这种清筛机由于没有作业走行驱动装置，区间运行则靠轨道车或机车牵引。而SRM80型全断面道砟清筛机是我国采用技贸结合的方式，引进奥地利Plasser & Theuere公司RM80型全断面道砟清筛机制造技术进行国产化生产的大型养路机械，它是轨行式、耙链式全断面枕底清筛机，在封锁线路的条件下，不需拆除轨排，可一次对道床全部断面上的道砟进行清筛。SRM80型全断面道砟清筛机自带动力，采用两台发动机驱动，总功率达到696 kW，生产率高达650 m^3/h。SRM80型全断面道砟清筛机是我国铁路线路大修的主型机械，它的国产化生产和大规模投入使用，标志着我国线路机械的制造技术和铁路大修、维修的作业机械化水平已经发展到了一个新的阶段。按照铁道部行政许可的规定，产品型号名称执行TBTT 1854—2006《线路机械产品型号编制方法》标准名称，所以，作为企业规定的产品型号名称—SRM80型全断面道砟清筛机，应统一命名为行政许可证书规定的产品型号名称，即QS-650全断面道砟清筛机(以下也简称为QS-650清筛机)。

目前，我国铁路的线路大修主要依靠的是大型养路机械“开天窗”进行施工作业，所使用的道砟清筛机主要有全断面清筛机和边坡清筛机，其挖掘机构都是采用耙链形式。

清筛机械类型很多，本书对 QS-650 全断面道砟清筛机的结构、原理、运用、保养等方面进行详细介绍。图 3.1 所示为道砟清筛机作业外观图。

图 3.1 道砟清筛机现场作业外观图

3.1 QS-650 型清筛机的组成与性能分析

3.1.1 组成

QS-650 全断面道砟清筛机的结构组成如图 3.2 所示，主要由转向架、车架、牵引装置、前后司机室、挖掘装置、筛分装置、道砟输送装置、污土输送装置、提轨装置、液压系统、电气系统、气动系统、动力传动系统及制动系统等部分组成。它是一种结构复杂、先进的自行式线路机械，集机、电、液、气于一体，具有操作简便、性能良好、作业高效的特点。

QS-650 清筛机采用前方弃土式总体布置的设计方案。由分别装在前后机械动力间的两台德国 DEUTA 公司制造的 BF12L513C 型风冷柴油机提供全车动力。采用两台双轴动力转向架。车架安装在转向架上，设有前、后司机室。司机室内装有用于行驶、作业操纵的各种控制仪表、元件等。机械动力间内安装着由柴油发动机、主离合器、弹性联轴器、万向传动装置、分动齿轮箱等组成的动力传动系统。车架中部设有道床挖掘装置、道砟筛分装置、道砟分配回填装置及污土输送装置。车架下则装有举升器、起拨道装置、左右道砟回填输送带、后拨道装置和道砟清扫装置等。气、液、电控制系统的管道与线路布置在车架的主梁上。

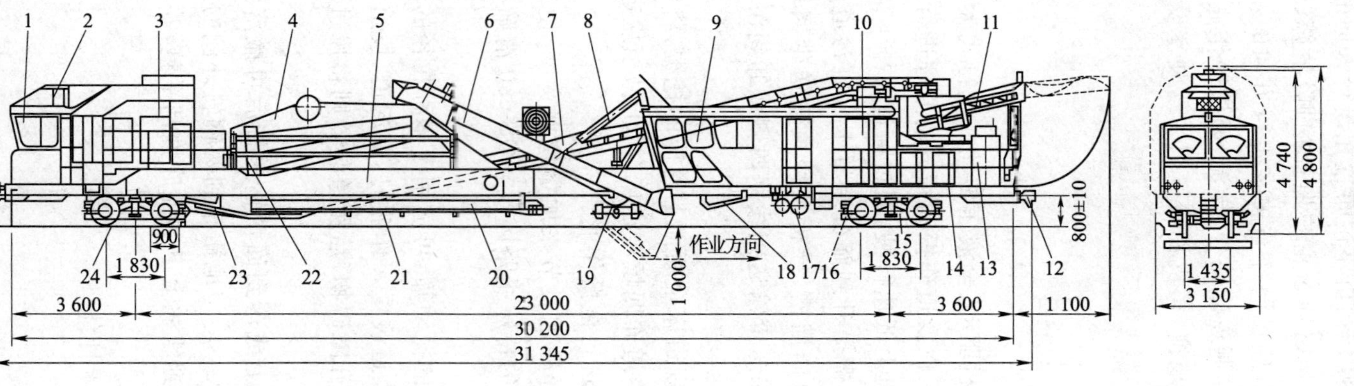

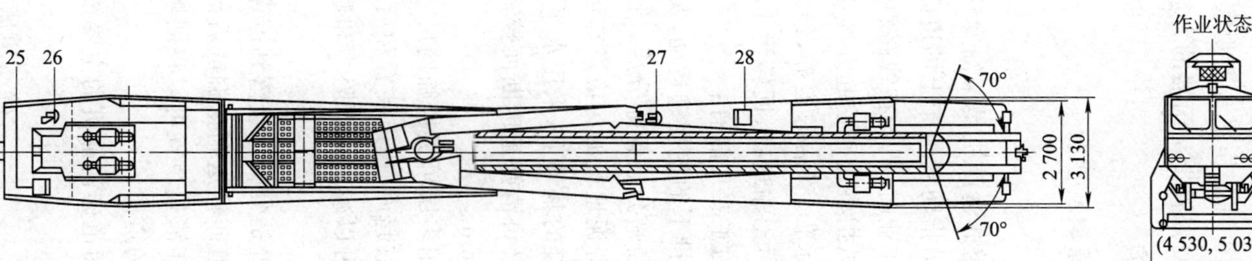

图 3.2 QS-650 型全断面道砟清筛机

1—后司机室；2—空调装置；3—后机械动力间；4—筛分装置；5—车架；6—挖掘装置；7—主污土输送带；8—液压系统；9—前驾驶室；10—前机械动力间；11—回转污土输送带；12—车钩；13—油箱；14—工具箱；15—转向架；16—车轴齿轮箱；17—气动系统；18 举升器；19—起、拨道装置；20—道砟回填输送带；21—后拨道装置；22—道砟导向装置；23—道砟清扫装置；24—制动装置；25—后司机座位；26—后双音报警喇叭；27—前双音报警喇叭；28—前司机座位

QS-650 清筛机的前驾驶室 1 内的运行操作司机座位布置在走行方向的左侧；作业司机座位面对挖掘装置水平导槽，作业时司机通过窗户监控挖掘、清筛、回填等作业的全过程。后驾驶室 2 内的运行操作司机座位同样布置在走行方向的左侧；操作人员通过后机房走道可到工作平台上观察控制道砟筛分、导流、回填等作业。驾驶室密封、隔声，司机前、侧方有带刮雨器的大玻璃窗，司机视野宽阔。驾驶室设有冷暖空调，司机操作舒适安全。

3.1.2 清筛机工作原理及性能

1. 工作原理

QS-650 全断面道砟清筛机是柴油发动机驱动、全液压传动的轨行式大型养路机械，它利用挖掘链的扒指切割道床上的道砟，以及道砟振动筛分的原理进行工作。在封锁线路上，清筛机作业时，机器在线路轨道上低速行驶，通过穿过轨排下部、呈五边形封闭的挖掘链，靠扒指将道砟挖起并经导槽提升到筛分装置上。脏污道砟通过振动筛的筛分后，符合标准、清洁的道砟，经道砟溜槽、导板及回填输送带回填到线路上；碎砟及污土经主污土输送带、回转污土输送带输送到线路两侧或卸到污土车上。

QS-650 清筛机的主要功能有：

(1) 通过穿入轨排下的挖掘链运动，实现道床全断面上道砟的挖掘，将脏污的道砟从轨枕底下挖出，经筛分装置筛分后，清洁道砟回填至道床，污土抛至规定区域。

(2)对线路翻浆冒泥地段的污染道砟可进行全抛作业。

(3)在标准挖掘链的基础上，采用水平导槽加长节来加宽挖掘宽度，使得清筛机既适用于标准线路，又可清筛道床断面较宽的特殊线路区段。QS-650 清筛机的最大挖掘宽度可达 5 030 mm。

(4)筛分装置采用多层可更换筛网尺寸的振动筛，可适用于多种粒径的道砟。

(5)清筛机设有前起道、拨道装置和后拨道装置。作业时，前起道、拨道装置对钢轨进行起道和拨道，可以减少挖掘阻力和避开障碍物；后拨道装置则将拨过的轨道放回原位或指定位置。

(6)道砟分配装置是分配直接落到道床上或落到回填输送带后再撒落到道床上的道砟量，把清洁的道砟输送到挖掘链后部，并均匀地撒布到两钢轨外侧的道床上。

(7)平砟器及道砟清扫装置可以将回填到轨枕上下的道砟推刮平整，并清除回填时落到钢轨、轨枕上的道砟。

2. QS-650 全断面道砟清筛机的主要技术性能

(1)作业条件

道床类型　　　　碎石道床

环境温度	−10 ℃～50 ℃
线路最大坡度	33‰
最小作业曲线半径	250 m
最小运行曲线半径	180 m
特殊环境	可在雨天和夜间及风沙环境下作业
(2)作业性能	
整机作业效率	650 m³/h
作业速度	0～1 000 m/h
挖掘宽度	4 030～5 030 mm
挖掘深度	由轨顶向下 1 000 mm
挖掘装置形式	耙链式
挖掘装置驱动功率	277 kW
筛分装置驱动功率	43 kW
筛网有效面积	25 m²
筛网层数	3 层
筛孔尺寸	上:85 mm×85 mm 中:55 mm×55 mm 下:30 mm×30 mm
最大筛分能力	650 m³/h
(3)整机性能	
转向架芯盘距	23 000 mm
转向架轴距	1 830 mm
轮径	ϕ900 mm
车钩中心高	距轨面 880 mm±10 mm
柴油机功率	2×348 kW
传动形式	全液压传动
最高自行速度	80 km/h
最大构造速度	100 km/h
制动方式	空气制动及手制动
单机紧急制动距离	80 km/h 速度下不大于 400 m
外形尺寸	长:31 345 mm 宽:3 150 mm 高:4 740 mm

整机质量　　　　　　　　88 t

3.1.3　动力走行传动系统

对于大型养路机械而言，从动力源输出的牵引动力都需要经过一系列的部件进行转换或处理，最终传递到车轮上，驱动大型养路机械运行。通常将柴油发动机与动轮之间的传动部件总称为动力传动系统。

QS-650 全断面道砟清筛机是有前、后两个转向架上四轴同时驱动的大型养路机械，它既具有区间运行时高速行驶的功能，同时也具有作业时低速走行的要求。清筛机的动力传动系统采用的是静液压传动，柴油发动机输出的动力通过主离合器、弹性联轴器、万向传动装置、分动齿轮箱、液压泵、液压马达以及车轴齿轮箱等传动部件传递到车轴轮对上，以实现清筛机的高速运行和作业走行。

QS-650 清筛机动力传动系统如图 3.3、图 3.4 所示，它由柴油发动机、主离合器、弹性联轴器、万向传动轴、分动齿轮箱、液压泵、液压马达、车轴齿轮箱、轮对等组成。

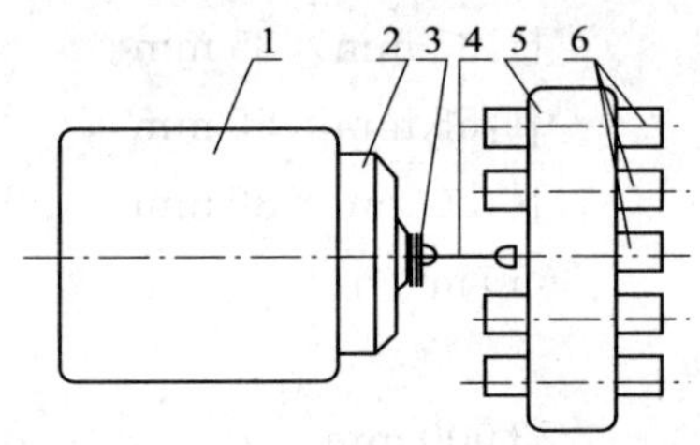

图 3.3　清筛机动力传递系统

1—柴油发动机；2—主离合器；3—弹性联轴器；4—万向传动轴；5—分齿动轮箱；6—液压油泵

由图 3.3 可知，柴油发动机通过主离合器、弹性联轴器、万向传动装置、分动齿轮箱驱动若干个液压泵，使液压泵产生高压力来传递动力，实现由机械能转变成液体压力能的过程；由图 3.4 可知，液压泵产生的液体压力能通过液压马达、车轴齿轮箱驱动轮对转动，从而实现液压能向机械能的转换。

QS-650 清筛机的动力走行传动系统有两套，分别安装在前后机械动力间和前后转向架上。前柴油发动机驱动的动力走行传动系统，将动力传递到前转向架的两个轮对轴上，驱动前转向架轮对转动；后柴油发动机驱动的动力走行传动系统，将动力传递到后转向架的两个轮对轴上，驱动后转向架轮对转动。

QS-650 清筛机采用两台德国道依茨(DEUTZ)公司制造的 BF12L513C 型风冷

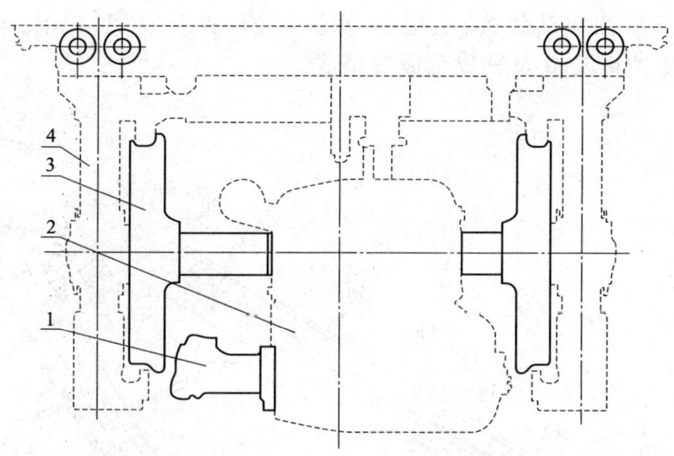

图 3.4　清筛机走行驱动系统图

1—液压马达；2—车轴齿轮箱；3—轮对；4—转向架构架

增压柴油发动机作为动力源。BF12L513C 型柴油机是 V 形、12 缸、风冷、增压、中冷式车用高速四冲程直喷式柴油发动机，其额定转速为 2 300 r/min，额定功率 348 kW。BF12L513C 型柴油机是用空气直接冷却汽缸，不用水作冷却介质，因而具有外形尺寸小、重量轻、使用可靠、适应性强、冷启动性能好、安装简单、维护保养方便等特点，它的性能可以满足 QS-650 清筛机的整车动力要求。

动力传动系统采用了 4 台 A4V-250HD 型通轴斜盘式轴向柱塞变量泵，驱动分别安装在每个车轴齿轮箱的输入轴端的 A6VM107HA1T 型变量轴向柱塞式液压马达，带动转向架轮对转动，进而实现清筛机的走行，可以实现作业走行 0～1 km/h、区间运行 0～80 km/h 范围内的无级调速。

3.2　工作装置与作业要求

QS-650 清筛机工作装置由挖掘装置，筛分装置，道砟回填分配装置，污土输送装置，起、拨道装置，起重设备，辅助装置等部分组成。

3.2.1　挖掘装置

1. 挖掘装置的结构组成

QS-650 清筛机挖掘装置安装在两台转向架间的车体中部，与车体水平面夹角约

30°。挖掘装置主要功用是将污脏道砟挖掘出来，并提升和输送到振动筛上。如图 3.5 所示，挖掘装置由驱动装置、挖掘链、水平导槽、提升导槽、护罩、下降导槽、调整油缸、拢砟板、防护板及道砟导流总成等组成。

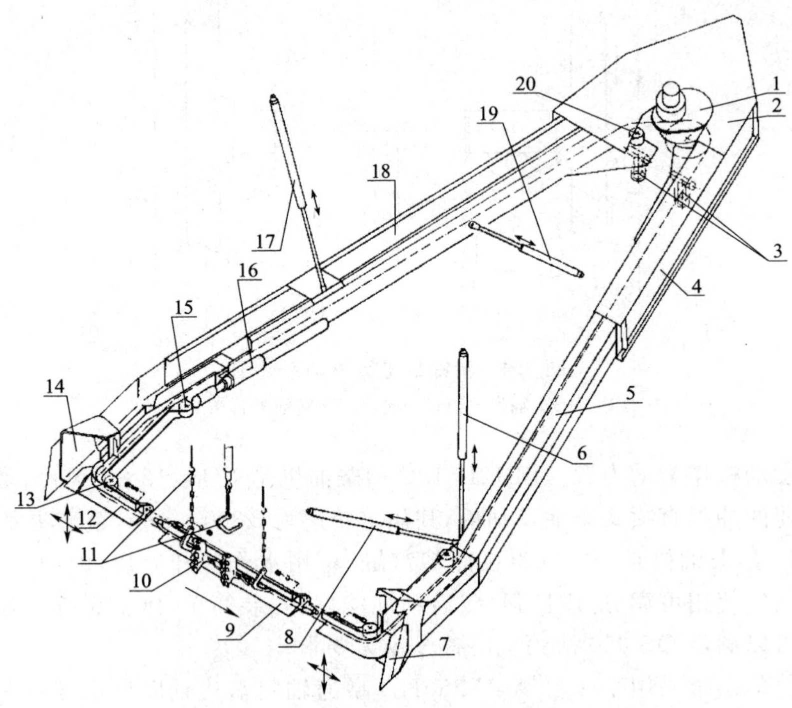

图 3.5　QS-650 清筛机挖掘装置

1—驱动装置；2—护罩；3—导槽支枢；4—道砟导流总成；5—提升导槽；6—提升导槽垂直油缸；7—拢砟板；8—提升导槽水平油缸；9—水平导槽；10—挖掘链；11—起重装置；12—弯角导槽；13—下角滚轮；14—防护板；15 中间角滚轮；16—张紧油缸；17—下降导槽垂直缸；18—下降导槽；19—下降导槽水平油缸；20—上角滚轮

清筛机运行时，挖掘链在水平导槽与弯角导槽连接处断开，提升导槽和下降导槽分别被提升并放置到车体两侧，用链条锁紧。水平导槽被安放到车体下部的举升器上。

清筛机作业时，将水平导槽放到预先在道床下挖好的基坑中，提升导槽和下降导槽由车体两侧放下到相应位置，用起重装置将水平导槽吊起与两弯角导槽连接牢固，连接挖掘链并通过张紧油缸调整链条松紧后，挖掘链才能进行挖掘作业。

2. 挖掘链的驱动装置

挖掘链由一台 A6V225 型变量轴向柱塞式液压马达驱动。液压马达经挖掘齿轮减速箱带动链轮，再由链轮带动挖掘链条旋转。挖掘齿轮减速箱的作用：是降低马达的转速，增大输出轴的扭矩，以满足挖掘作业时挖掘速度和切削力的要求。

3. 挖掘链

挖掘链节由扒板、中间链节、链销轴和扒指等组成，如图 3.6 所示。扒板上装有扒指，扒指是挖掘道床的重要零件，用高强度耐磨材料 60SiCr7 制成。QS-650 清筛机的扒板上装有 5 个扒指，扒板与中间链节各有 82 节，扒指共有 410 个。

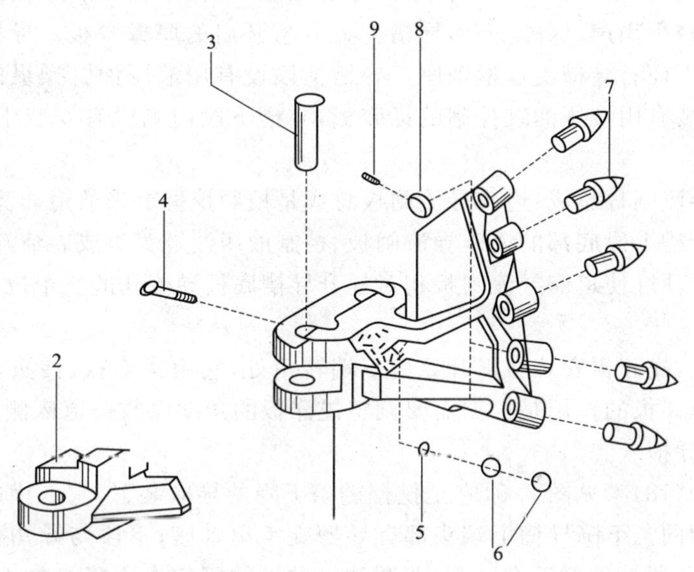

图 3.6 挖掘链扒

1—扒板；2—中间链接；3—链销轴；4—螺栓；5—垫圈；6—螺母；7—扒指；8—垫片；9—固定销

挖掘链靠链轮和支承在导槽上的角滚轮（见图 3.5）联成一个封闭的循环系统，形状呈五边形。挖掘链底是水平边，与轨枕呈 3°夹角，这样可使挖掘链受力均匀，作业时，挖掘链在轨枕下挖掘和输送道砟。挖掘链工作时为逆时针转动，右边链用于提升道砟到振动筛上，左边链上角滚轮下降返回到道床上。挖掘链在车架上部与驱动装置输出的链轮相啮合，由链轮驱动运转。

挖掘链的线速度有 2.0 m/s、2.6 m/s、2.8 m/s、3.6 m/s 等几种，司机可根据道床阻力及生产率进行调节和选择。

4. 链条导槽

如图 3.5 所示，挖掘链条由提升导槽、下降导槽和水平导槽来导向。提升和下降导槽的头部靠导槽支承枢支承在机架上。导槽中部与铰接在机体上的垂直油缸、水平油缸的活塞杆端铰接。因此，两导槽下部可以绕各自的支承枢轴相对机体上下、左右摆动，以满足运行或作业时安装、调整的要求。两导槽的下部平行于机体。这种类似五边形布置的导槽，可在挖掘深度变化时，防止提升和下降导槽之间距离改变。

(1)提升导槽

提升导槽是链条上升、引导道砟上流的装置，导槽横断面为封闭的矩形结构。导槽底部水平部分由耐磨钢板用螺栓镶嵌在底板上，两侧由钢板和角钢焊接。为了防止尘土飞扬、减少噪声、保障安全，导槽上盖有可开启的厚橡胶板。导槽上段头部有连接法兰盘，下面有导槽支承枢轴座。导槽上段设有用液压油缸操纵的道砟导流闸板，导槽下段装有用液压油缸控制的拢砟板，导槽下段内侧设有安装中间、下导向角滚轮的支座。

①道砟导流闸板总成：道砟导流闸板总成是控制挖掘上来的道砟流向的装置，由安装在提升导槽上段底部的道砟导流闸板、控制液压油缸等组成。清筛机作业时，可通过操纵液压油缸使道砟导流闸板相对提升导槽底板导流孔的三个位置来控制道砟流向。

②拢砟板：拢砟板安装在提升导槽下端转角处，它由拢砟板、活页、液压油缸、链条等组成。拢砟板的作用是根据需要调整拢砟板的角度以收拢道床侧边的道砟。

(2)下降导槽

下降导槽(18)参见图 3.5，它是挖掘链条下降的导向装置，它的横断面结构与提升导槽基本相同。下降导槽上端头部有导槽支承枢轴座；下段与导槽伸缩段靠两个呈 90°安装的张紧油缸联系在一起，张紧油缸的缸体固定在下降导槽上，活塞杆端固定在导槽伸缩段上，因此，活塞杆的伸缩可带动导槽伸缩段在其下降导槽下端伸缩，行程为 750 mm。由于在导槽伸缩段上设有中间及下角滚轮支座，用于链条滑动和导向，所以导槽伸缩段可调整挖掘链的张紧程度。伸缩段的下端设有防护板，用于保障导槽伸缩段的正常工作。

(3)水平导槽总成

水平导槽总成用于链条水平导向。它由水平导槽、左右弯角导槽、带导向四棱锥体导销的快速连接销等组成。水平导槽与左右弯角导槽用带导向四棱锥体导销、螺栓、锁定板等连接。水平导槽与弯角导槽底板用耐磨钢板制造。

清筛机在新作业区段作业时，首先将水平导槽放置于人工预先挖好的枕下作业槽形坑中，再用快速销(包括带导向四棱锥的导销、锁定板、锁紧垫片、螺钉等)与左、

右弯角导槽端部连接。清筛机停止作业时，仍在快速销处拆开水平导槽，并将它放置在轨枕下的道床中。左、右弯角导槽连同提升、下降导槽一起收回到清筛机上，清筛机驶出作业区段。如果下次清筛作业在其他区段进行，则需将水平导槽收回。在连接和拆开水平导槽的过程中可用安装在主梁下(水平导槽位置正上方)的起重设备来帮助调整对位。

标准长度的水平导槽使清筛机具有标准的挖掘宽度，QS-650 清筛机标准挖掘宽度为 4 030 mm。清筛机还备有水平导槽加长杆，其结构与安装方式均与水平导槽相同，长度一般每根为 500 mm。加装加长杆后，QS-650 清筛机挖掘宽度可达 5 030 mm。

3.2.2 筛分装置

QS-650 清筛机筛分装置安装在挖掘装置与后司机室之间的车架上，它的下部安装有道砟分配装置、道砟回填输送带和污土输送带等部件。

筛分装置的作用：是对从道床上挖掘出来的道砟通过振动进行筛分，将合乎标准粒度的道砟，经道砟回填分配装置回填到道床上，不合乎标准的超粒径石、碎石、砂与污土，由污土输送装置送入污土车或被抛弃到线路限界以外。

1. 筛分装置的功用与组成

QS-650 清筛机筛分装置的结构组成包括：双轴直线振动筛和振动筛支承，导向、水平调整装置。双轴直线振动筛由筛箱、筒式激振器、筛网、道砟导流装置、溜槽和后箱壁等部件组成(参见图 3.2)。

清筛机的筛分装置采用双轴直线振动筛，其振动激振器的工作原理如图 3.7 所示。两偏心块质量 $m_1=m_2$，其回转时的离心力 $F_1=F_2=F_3$。当两偏心块作同步反向回转时，在各瞬间位置，离心力沿 K 向(振动方向)的分力总是相互叠加；在与 K 向相垂直的方向上，离心力的分力总是互相抵消。因此，形成单一的沿 K 向的激振力，驱动筛箱作直线振动。

在图 3.7(a)、图 3.7(c)位置时，激振器产生的离心力相互叠加，激振力为 $2F$；在图 3.7(b)、图 3.7(d)位置时，激振器产生的离心力完全抵消，激振力为零。由于激振器与筛面呈 45°倾角，所以筛箱的振动方向角(振动方向线与水平面的夹角)也是 45°。

筛网上的道砟受震动后，小于筛孔孔径的碎砟、砂及污土透过筛孔，从而完成筛分工作。

2. 筛网

筛网是振动筛的主要工作构件。对筛网的基本要求是：强度足够，有效面积大，筛孔不易堵塞，道砟运动时与筛孔相遇的概率高，维修、保养及更换方便。

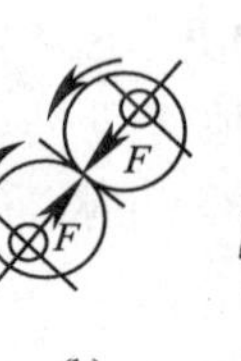
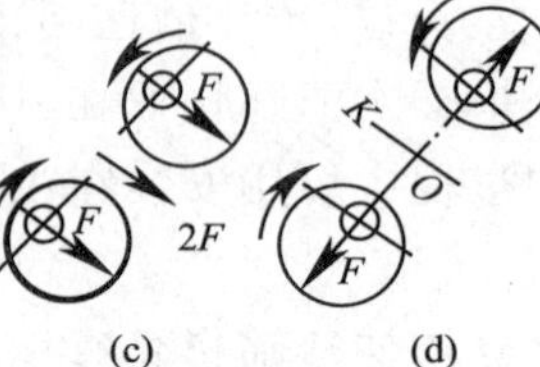

图 3.7　双轴直线振动筛激振器的工作原理图

QS-650 清筛机振动筛采用三层筛网，如图 3.8 所示。该筛网突出的优点是开孔率高，可达总筛网面积的 70%。筛孔是方孔。为减少道砟沿筛面的运动阻力，筛网采用波纹状钢丝编织而成。钢丝截面为梯形，可有效防止堵砟。

筛网必须牢牢地紧固在筛箱的支承架上。它除了利用筛箱两侧板上的特殊压板、张紧螺杆、螺帽罩等压紧外，中间还有许多压盘与压板用螺栓固定在横梁和支承梁上。

(a)上层筛网

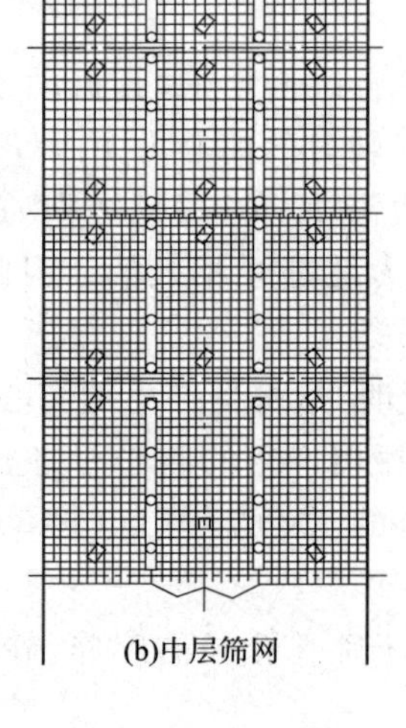

(b)中层筛网

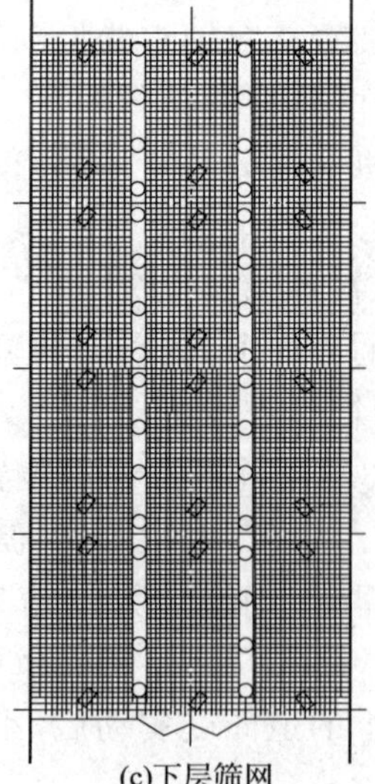

(c)下层筛网

图 3.8　筛网

QS-650 清筛机振动筛三层筛网网孔的尺寸适合粒径 20～70 mm 的道砟。筛网

网孔尺寸如下：上层筛网网孔尺寸(mm)　　　　　85×85/76×76

中层筛网网孔尺寸(mm)　　　　　55×55/45×45

下层筛网网孔尺寸(mm)　　　　　30×30/25×25

三层筛网的总面积大约为 25 m^2。

3.2.3　道砟回填分配装置

道砟回填分配装置由左、右侧道砟分配板和左、右道砟回填输送装置两大部分组成。

经过筛分后的清洁道砟从振动筛末端左、右两通道落下后，通过道砟回填分配装置，重新回填到道床上。左、右侧道砟分配板用于分配清洁的道砟，即分配直接落到道床上或落到回填输送带后再撒落到道床上的道砟量；左、右道砟回填输送装置将落到输送带上的清洁道砟输送到挖掘链后，并均匀地撒布到两钢轨外侧的道床上。回填的清洁道砟距离枕下未挖掘的脏污道砟距离不大于 1 500 mm。

1. 左、右侧道砟分配板

左、右侧道砟分配板安装在振动筛分装置末端振动筛中、下层筛网与后箱壁间，左、右两侧道砟流动通道的下方。流动通道的下方呈方形漏斗状，下部设有一个液压油缸控制的轴，轴上固定着 A 形道砟分配板。当操纵液压阀使油缸活塞杆动作时，通过摇臂使轴转动，从而带动 A 形道砟分配板以改变漏斗下方流向轨道和输送带的落砟量。因此，只要作业人员站在机器的一侧，便可从指针和刻度盘上观察出该侧道砟分配板的位置。

2. 左、右道砟分配板

左、右侧道砟分配板用于分配清洁的道砟。左、右道砟分配板在振动筛分装置末端中、下层筛网与后箱壁间，左、右两侧道砟流动通道的下方。通过液压系统的控制，改变道砟分配板的位置，从而改变落砟量。

3. 道砟回填输送装置

道砟回填输送装置按左、右对称布置在机体主梁下方。它的喂料端紧接着道砟分配板溜槽通道，以接收筛上清洁的道砟，另一端延伸到挖掘链水平导槽后，可以把清洁道砟均匀地布砟回填。

道砟回填输送装置：包括道砟回填输送带、输送带摆动装置及摆动自控机构。道砟回填输送带是通用型带式输送机，采用普通橡胶带，带宽 650 mm；输送带摆动装置的作用是使道砟均匀撒布在道床上。摆动自控机构通过感应开关，控制液压换向阀实现自动操纵道砟回填输送带左右移动。

3.2.4 污土输送装置

污土输送装置的功用是将振动筛筛出的污土卸到机器前或邻线的污土车中或直接抛弃到线路外。如图 3.8 所示为主污土输送带。

污土输送装置包括:主污土输送带、输送装置支架和回转污土输送带等。回转污土输送带作业时,距轨面最大高度 4 800 mm,最大抛土距离:距轨道中心线 5 500 mm。主污土输送带全长约 21.07 m,将污土输送到回转污土输送装置并设置了污土清扫器,以清除主污土输送带表面上黏附的污土。

定位锁紧机构是为保证清筛机在运行状态时回转污土输送带的安全,该输送带设有回转定位机构和折叠前支架锁定机构。作业时,回转定位机构通过凸轮机构控制定位销的移动完成锁定,回转输送带不能摆动。运行时,前支架折叠放下后,人工将锁栓插入前支架和固定角板的定位孔中,则前支架锁定于机架上。

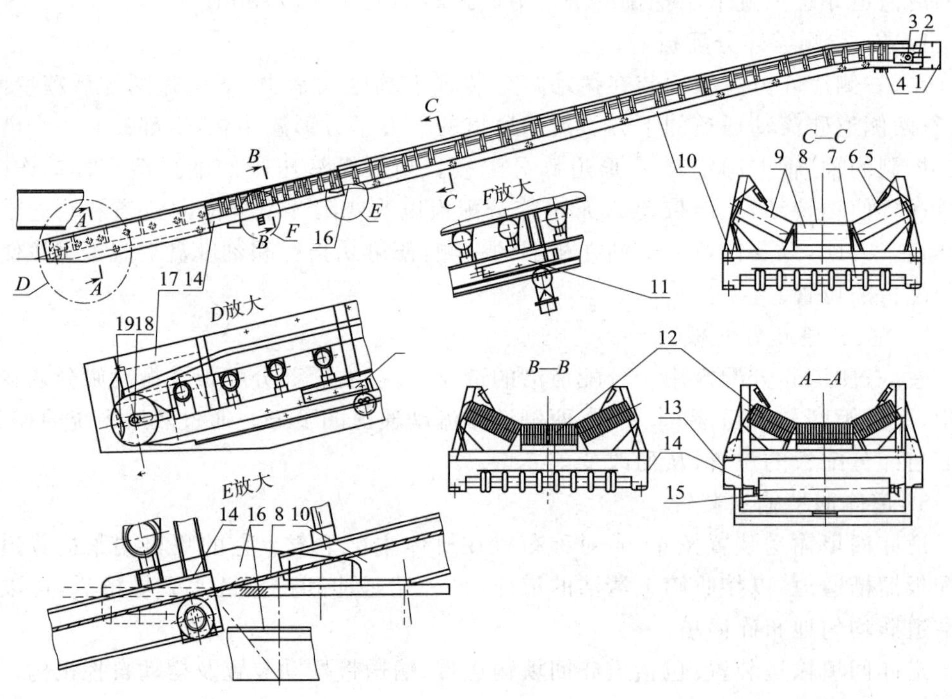

图 3.9　主污土输送带

1—驱动滚筒;2、19—螺旋张紧装置;3—卸料护罩;4—弹簧清扫器;5—导料槽板;6—刮板;7—胶圈缓冲下托辊;8—输送带;9—槽型托辊;10—上段支架;11—空段清扫器;12—槽型胶圈缓冲托辊;13—支承吊架;14—下段支架;;15 平型下托辊;16 支架连接筋板;17—头部导料槽;18—改向滚筒

3.2.5 起、拨道装置

起、拨道装置的功用：是减少挖掘阻力和避开障碍物。它包括前起、拨道装置和后拨道装置两部分。前起、拨道装置紧靠在挖掘装置水平导槽后；后拨道装置在后转向架前，它将拨过的轨道放回原位或指定位置。

QS-650清筛机起、拨道装置的最大起道力为140 kN，最大拨道力为72 kN，作业时最大起道量为250 mm，最大拨道量为±300 mm。起、拨道量由标尺和指针显示。

1. 起、拨道装置

起、拨道装置它由起道和拨道两部分组成。

(1)起道装置

起道装置包括：起道油缸、支承轴、中梁、导向柱、侧梁、前夹钳装置、后夹钳装置及其支承连接件等。

起道作业时，首先前后夹钳装置的夹钳滚轮张开，起道油缸的活塞杆下降，夹钳滚轮闭合夹住轨头，然后进行起道作业，

(2)拨道装置

拨道装置靠固定在中梁上的拨道油缸及安装在左、右侧梁中部的两拨道滚轮来完成。两拨道滚轮轮缘内距为1 435 mm。拨道油缸是双杆活塞油缸，当活塞在油缸体内左、右移动时，其一端伸出，另一端缩回。由于拨道油缸体固定在中梁上，所以活塞杆伸出端顶着这边侧梁、拨道轮一起向线路中心的一侧移动；另一侧由于导向柱的连接也带动这一侧移动。结果将轨道向活塞杆伸出端拨动一段，最大拨道量等于活塞杆的最大行程。

2. 夹钳装置

在起、拨道装置上，用于夹持钢轨进行作业的是前、后两对夹钳装置。它们安装在起、拨道装置侧梁的两端。如图3.10所示。夹钳装置靠夹紧油缸的作用来夹持钢轨。

作业中应注意以下几点：

(1)起道油缸在起道装置下降时，必须确认拨道轮的滚动表面接触到钢轨上，起道夹钳必须打开，避免较大的力压在轨道上。在启动起道装置时，必须避免与链导槽碰撞。

(2)前拨道装置在作业过程中，逐渐调整拨道装置。当起道装置完全收回时，拨道装置应处于中位。

(3)起道夹钳滚轮在应用起道滚轮时，必须留心滚轮的轮缘应位于轨额下。

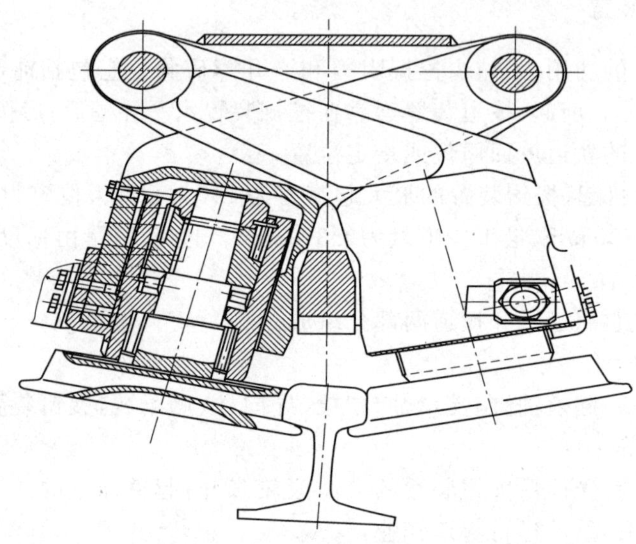

图 3.10 起、拨道夹钳装置

3.2.6 起重设备

挖掘装置的水平导槽在机器运行时，应放置于前操纵室下；作业时，需快速在提升与下降导槽之间安装与拆卸。为了减少装卸时间，减轻操作人员劳动强度，保证作业区间安全，在水平导槽作业区间内设有起重设备。

3.2.7 清筛机现场作业

QS-650 型清筛机在对道床进行作业时，应采取适当的安全措施，现场作业的程序主要有以下 6 步。

1. 作业准备

(1)挖掘道床作业坑。清筛机挖掘链穿过枕底，作业前必须挖好放置水平导槽的道床作业坑。道床作业坑尺寸标准如下：

宽度：若用 1.9 m 长标准水平导槽时，挖掘链清筛宽度为 4.03 m，挖掘宽度为 4.3 m。

长度：沿钢轨方向 1.0 m，超出轨枕两端以外部分应与链导槽呈 30°斜度。

深度：轨枕下 0.35 m。

在决定挖掘作业坑位置时，在导向链 30°斜度范围内不应存在障碍物，如电缆槽、里程标等。

(2)机器整备。

(3)运行至挖掘道床作业沟处并制动。

(4) 作业准备工作。

2. 安装挖掘链和调整工作装置

(1)安装挖掘链

①借助于起升装置将水平导槽和部分链节放入钢轨下的导槽坑内。

②两侧提升、下降导槽均先水平伸展,然后同时下降与水平导槽相连接。

③用快速连接销和螺栓将水平导槽与两侧提升、下降导槽连接起来。

④应确认邻线无列车通过后,才能下放两侧导槽进行连接。两侧导槽下放时高差不得超过 900 mm。

⑤张紧油缸收缩。

⑥连接挖掘链,使挖掘链呈封闭环状。

⑦张紧挖掘链。

⑧将红色紧急停挖弦线系在机器两侧的紧急停挖开关上。

(2)调整工作装置

①将振动筛置于水平位置。在曲线超高地段施工时,应调整振动筛至横向水平。

②调整道砟流向。将振动筛上的道砟导向板置于中位。

③两侧道砟回填输送带外摆,调整道砟的分布。

④将回转污土输送带置于作业位置。

⑤调整前拨道装置和后拨道装置。

⑥闭合前后起道夹钳并夹紧钢轨。在作业期间四个控制起道夹钳的开关必须起作用。

⑦下放平砟犁板和清扫装置。

⑧按序启动道砟回填输送带、回转污土输送带、主污土输送带和振动筛。

3. 检查

QS-650 型清筛机作业时应检查观察各仪表和指示灯。

4. 清筛作业

作业程序如下:

(1)缓解空气制动。发出鸣笛警报;确保主挖掘链的危险区内无人时,方可开始作业。

(2)向上推起主挖掘链控制阀的锁定挡片以及挖掘用的滑阀,启动挖掘链。调节挖掘链的张紧力,挖掘链的张紧度应以在水平导槽的中央处产生近 125 mm 的下垂量为宜。

(3)挖掘链运转后，适当起道(起道量为 30～50 mm)，操纵作业走行速度控制手柄，进行正常的清筛作业。按需调整挖掘深度，应注意挖掘深度的调整只能在作业过程中，不能在机器静止时。

(4)主操作手在作业中应根据振动筛的振动马达驱动压力、各输送带的马达驱动压力以及挖掘系统中马达驱动压力来调整清筛走行速度。

(5)弃土中可用道砟含量过高时，应降低清筛走行速度。回填道砟的不洁率升高时，应降低清筛走行速度。

(6)按要求调整道砟分配闸板。调整回填道砟输送带，若有必要，打开摆动自动装置。按要求控制筛网上的导向板。按要求控制道砟分配板。

(7)振动筛应始终保持水平(目测)。

(8)调整前起、拨道装置，调整后拨道装置。

(9)清筛机作业一段距离后，应组织配砟整形车进行上砟、捣固车进行捣固、动力稳定车进行稳定作业。

5. 作业速度的选择

在作业过程中，挖掘链有四种可供选择的作业速度。

(1)最低速度，链速约为 2.0 m/s(慢速挡，辅助泵最小排量)。

(2)低速Ⅰ，链速约为 2.6 m/s(慢速挡，辅助泵最大排量)。

(3)低速Ⅱ，链速约为 2.8 m/s(快速挡，辅助泵最小排量)。

(4)高速，链速约为 3.6 m/s(快速挡，辅助泵最大排量)。

经验表明，在挖掘链驱动液压系统中压力保持为 2×10^7 Pa 时，能获得最佳的作业效率。司机在作业操作室中，应当始终对挖掘链驱动系统压力表进行观察。该压力值应保持小于 3.5×10^7 Pa。当挖掘道床遇到的阻力发生变化时，该压力也会发生变化。如果油压达到 3.5×10^7 Pa 时，液压系统中的溢流阀动作，挖掘链将停止工作，在这种情况下，控制阀应立即置回中位。

6. 特殊地段作业

(1)平交道口的校整。铁路的平交道口的校整可用装在后轴上的一台气泡水平仪来检查。通过道砟分配槽的调节可以影响到平交道口。应当注意的是：通过在某点进行道砟补偿量的调节只能对该点及该点前 14 m 长度范围内的轨道起作用。

(2)道砟污染非常严重时。遇到道砟污染非常严重的地段，需将污砟全部抛弃时，将道砟分配阀置于最低位置，导流板全部开启。由挖掘链带上的污砟将全部被送至主输送带，再由回转污土输送带抛出。在作业中，可以不影响挖掘链的工作而关闭道砟导向阀。另外也可置其于中位而仅仅清理部分污砟。

(3)紧急停挖。若是紧急停挖按钮被按下，挖掘链则会自动停止，液压驱动会断

开，直接作用的空气制动动作，同时响起警鸣声。注意在按下紧急停挖按钮后，应立即将单独制动阀置于“制动位”，只有在这种情况下，才能将紧急停挖开关置于断开位。

3.3　QS-650型清筛机故障与排除

3.3.1　挖掘装置故障与排除

1. 磨损

(1)挖掘链磨损。由于挖掘链直接与道砟作用，因此挖掘链各零件磨损十分严重，特别是扒指、扒板、链销轴等。另外，由于长期磨耗也会出现卡链、断链等故障。

在正常作业情况下，只要扒指磨掉全长的2/3就应更换新扒指。另外，安装在扒板上的扒指不应丢失、折断，一经发现必须及时补充、更换，特别是扒板下部的扒指，工作中不能缺少。扒指安装后应能在扒板轴孔中自由转动，这样既可减少挖掘阻力，又可使扒指表面磨耗均匀。

卡链在挖掘装置工作中突然出现的故障，卡链应立即停止挖掘，找出卡链的原因，进行紧固或更换失效零件。其原因可能有以下几个方面。

①下降导槽伸缩段上的螺栓松动。

②链节固定销脱落卡住。

③紧固螺栓松动上窜将链卡住。

④断链就是链销轴磨细后，承载能力降低，突然承受尖锋载荷时，被拉断的现象。出现这种情况，要及时查明原因，进行处理。

另外：扒板和链节受力复杂，在工作中会出现裂纹，经检查发现后应及时采取修复补焊的措施，否则会造成事故。

(2)挖掘链轮磨损。链轮在与挖掘链啮合的过程中传递动力，驱动挖掘链工作，链齿逐渐被磨落、磨尖。挖掘装置长时间作业后，链齿的强度、刚度下降，有可能将链齿打断。为避免这种故障，一般在每年一次的检修中，根据链轮磨损的情况，进行修复或更换。

(3)其他部件磨损。为了控制磨损速度、减少磨耗可以采取以下措施：

①经常检查各零、部件间的正常间隙，保障挖掘装置的挖掘链在导槽中平稳、均衡、低噪声地运转。

②正确调整挖掘链的松紧度，即下降导槽上张紧油缸调整要适当。

③定期保养及时检修。

2. 异常响声

为减少噪声和污染，挖掘装置的提升与下降导槽在设计时，采用底板与磨耗板间

加橡胶垫板的结构。因此，挖掘装置在一般情况下，作业时产生的噪声符合有关规定。异常响声是指非正常的响声，其产生的原因如下。

(1)挖掘链与导槽间有脱落的零件或物品。例如：导槽上紧固件松动、脱落；挖掘链的固定销、螺栓松动、窜动等。

(2)润滑不良。挖掘装置工作条件较差，需要按规定进行润滑。

(3)角滚轮的破损。角滚轮受力情况复杂，表面容易产生缺陷甚至破损、断轴。因此，在角滚轮处发生不正常响声时要及时处理。

(4)挖掘链与链轮啮合不正确。挖掘链被拉长后如调整不当，在与链轮啮合的过程中会发出周期性的不正常响声。

3.3.2 振动筛故障与排除

1. 筛分质量不佳

筛分质量不佳表现在：回填的道砟中不清洁，其原因与对策如下：

(1)筛孔堵塞。因此要减轻筛机负荷，减小筛机的投料量，并及时清理筛面。

(2)筛机给料不均匀。筛机工作必须保持水平位置，特别在曲线上应随时调节筛机的调平装置，检查导板的磨损情况。另外调节挖掘装置的道砟导流闸板投料的位置。

(3)筛网拉得不紧。

(4)筛网严重磨损出现孔洞。此时，要及时更换筛网。

2. 正常作业时筛机振动频率减慢，轴承发热

其原因与对策有如下 4 个方面：

(1)轴承缺少润滑油，应检查润滑油位及润滑液压系统工作状况。

(2)轴承阻塞，应清洗轴承、检查注油系统或更换密封元件。

(3)加入的润滑油牌号不对，应清洗再加入适当的润滑油。

(4)轴承损坏或安装不良、密封圈被卡住。在这种情况下，应更换轴承，调整密封套达到正常的间隙。

3. 筛机在工作时发出敲击声

其原因与对策有如下 4 个方面：

(1)轴承损坏。

(2)筛网拉得不紧或筛面固定得不牢。

(3)轴承固定螺栓松动。

(4)减振弹簧断裂或损坏。

检查出敲击声的原因后，对于损坏零、部件给予更换，对于松动件要紧固，并检查

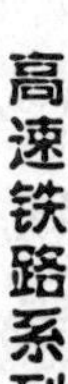

防松措施，消除故障。

3.3.3　带式输送机故障与排除

胶带跑偏是带式输送机经常遇到的问题，对于 QS-650 的输送带跑偏的原因及处理方法如下：

(1)整条输送带安装中心线不直。

(2)胶带本身弯曲不直或接头不直。排除方法是将胶带修直或在接头处切正、切齐重新胶合。

(3)滚筒中心线同胶带机架中心线不垂直。这种情况主要是机架安装不正引起的，必须重新组装机架。装配时，应保证驱动滚筒与改向滚筒轴线间的平行度。

调整胶带在滚筒上的跑偏也可以改变滚筒轴承座的位置，如图 3.11(a)所示。调整方法是哪边跑偏就收紧那边的轴承座。这样使胶带跑偏的那边拉力加大，向拉力小的一边移动。

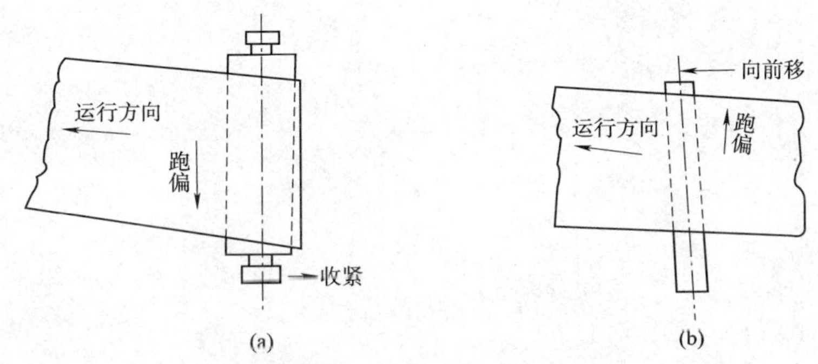

图 3.11　输送带纠偏

(a)滚动纠偏示意图；(b)托辊纠偏示意图

(4)托辊组轴线同输送带中心线不垂直。调整方法是输送带往哪边跑偏，就把那边托辊向输送带前进方向移动，如图 3.11(b)所示。一般移动几个托辊组就能纠正过来。

(5)滚筒不水平。如果滚筒安装超差，应停机调平；如果滚筒制造外径不一致，则需重新加工滚筒外圆。

(6)滚筒表面黏结物料。滚筒表面黏附物料，可使滚筒变成圆锥体，则胶带就会跑偏。特别是输送湿度大的污砟时，如果输送带尾部密封不良时，污土容易落人空载的胶带而黏结于滚筒上。因此，必须经常检查清扫器工作情况，必要时人工清扫。

复习思考题

1. 简述清筛机的用途有哪些。
2. QS-650 清筛机由哪几部分组成？
3. QS-650 清筛机动力传动系统由哪几部分组成，如何传递？
4. 挖掘装置功用是什么？由哪几部分组成？
5. 振动筛的工作原理是什么？
6. 道砟回填分配装置包括哪些部分及各部分作用？
7. 清扫器的作用是什么？
8. 污土输送装置的功用是什么？由哪几部分组成？
9. 起、拨道装置的功用是什么？

4 配砟整形车

在有砟高速铁路线路的维修过程中，道床的配砟、整形是必不可少的一项工作，而且工作负荷重，工作量大。配砟整形车就是专门为此而开发的一种大型养路机械，用以完成道床的抛砟、配砟、整形和清扫轨枕面等工作。配砟整形车在运用中可以单独进行作业，也经常与其他大型养路机械组成维修、大修机组配合作业。

我国 1984 年引进了 SSP-103 型配砟整形车，在此基础上生产了 SPZ-160 型配砟整形车。1992 年在 SPZ-160 型的基础上，生产了 SPZ-200 型双向道床配砟整形车。

为适应我国高速铁路线路修理的需要，2007 年 11 月，又联合研制了具有自主知识产权的 DPZ-440 型配砟整形车。该车集机、电、液、气、激光、测量和自动控制等先进技术于一体，能够进行道床配砟、边坡整形、清扫枕面、清扫轨侧、清扫扣件、收集轨枕面上的道砟至储砟斗、分配储砟斗内的道砟至道床。

DPZ-440 型配砟整形车是四轴配砟整形车，彻底改进了 SPZ-200 型双向道床配砟整形车的两轴结构，不但运行速度得到提高，同时也具有许多新的结构特点。

由于目前在全路广泛使用的是 SPZ-200 型双向道床配砟整形车，因此，本章介绍 SPZ-200 型配砟整形车。图 4.1 所示为配砟整形车外观图。

图 4.1 配砟整形车外观图

4.1 SPZ-200 型配砟整形车的组成与功用

4.1.1 组成

配砟整形车是集机、电、液、气于一体的自行式大型养路机械。SPZ-200 型配砟整形车的结构如图 4.2 所示，它主要由柴油发动机、动力传动系统、制动系统、走行装置、液压系统、电气系统、清扫装置、中犁、侧犁、车架、车钩缓冲装置及驾驶室等部分组成。

4.1.2 功用

其主要用来完成道床的配砟及整形作业，使作业后的道床布砟均匀，并按线路的技术要求使道床断面成形。其工作原理就是由中犁和侧犁清扫装置将作业过程中残留于轨枕及扣件上的道砟清扫干净，并收集后通过输送带移向道床边坡，达到线路外观整齐、美观。

由工作装置来完成这些作业，工作装置由中犁、侧犁和清扫装置组成，如图 4.2 所示。

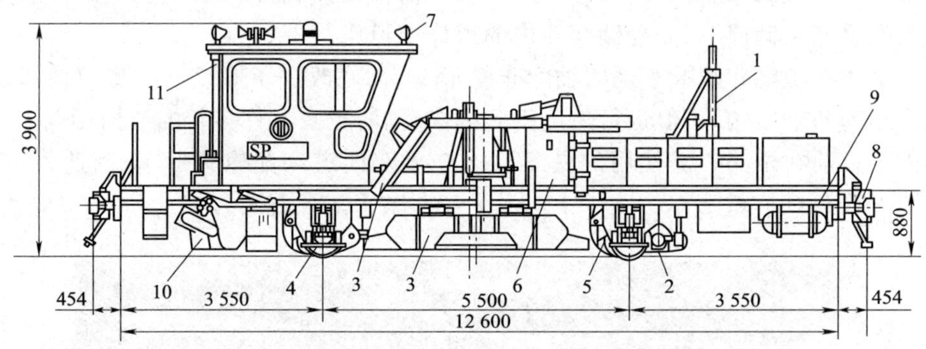

图 4.2 SPZ-200 型配砟整形车结构图

1—发动机；2—动力传动系统；3—工作装置；4—走行装置；5—制动系统；6—液压系统；7—电气系统；8—车钩缓冲装置；9—车架；10—清扫装置；11—驾驶室

配砟整形车的主要功能有：

(1)根据捣固作业的要求将卸在线路两侧的道砟通过侧犁分配到钢轨外侧。

(2)通过侧犁构成门字形，可将道床边坡上的多余道砟按需要作近距离搬移。

(3)通过侧犁和中犁的配合使用，可将道砟按需要进行搬移；如：道砟从线路的左侧移运到线路右侧；从线路的右侧移运到线路的左侧。

(4)通过中犁将线路中心的道砟移运到线路两侧或往前推移。

(5)通过中犁将轨枕端部的道砟移运到轨枕内侧。

(6)位于机器后部的滚刷和横向运输皮带装置可将残留在轨枕面和扣件上的道砟收集并提升送到皮带上，再通过改变皮带的输送方向，将皮带上的道砟送到线路的左右边坡上。

(7)通过适当调整侧犁的转角，可按工务维修规则的要求，使道床断面按 1∶1.75 成形。

4.1.3　主要技术性能

SPZ-200 型配砟整形车的主要技术性能见表 4.1。

表 4.1　SPZ-200 型配砟整形车的主要技术性能

参数名称		单位	参数	参数名称		单位	参数
作业条件	线路最大超高	mm	150	轴重		t	14
	线路最大坡度	‰	33	传动类型			液压传动
	最小曲线半径	m	120	速度	区间运行	km/h	80
	最大轴重	t	23		作业走行	km/h	0～12
	最大海拔高度	m	1 000		连挂运行	km/h	100
	环境温度	℃	−10～+40	车钩型号			上作用 13 号
	连续工作时间	h	≤6	缓冲器			MX-1 型
运行时通过最小曲线半径		m	100	车钩水平中心线距轨面高度		mm	880±10
轨距		mm	1 435	每侧最大作业宽度（标准砟肩坡度）		m	3.3（由轨道中心起）
轴距		mm	5 500	长×宽×高		mm	13 508×3 025×3 900
轮径		mm	840	总质（重）量		t	28

4.2　动力传动系统

大型养路机械，从动力源输出的牵引动力都需要经过一系列的部件进行转换，最终传递到车轮上，驱动大型养路机械运行。通常，将柴油发动机与动轮之间的传动部件总称为动力传动系统。

SPZ-200 型配砟整形车是轴距为 5.5 m 的两轴车，它既具有：区间运行时高速行

驶的功能，同时也能达到作业时低速走行的要求。配砟整形车的动力传动系统采用的是静液压传动，柴油发动机输出的动力通过传动轴、分动齿轮箱、液压泵、液压马达以及车轴齿轮箱等传动部件传递到车轴轮对上，以实现配砟整形车的高速运行和作业走行。

4.2.1 动力走行传动系统

SPZ-200 型配砟整形车的动力走行传动系统，它由柴油发动机、万向传动轴、分动齿轮箱、液压泵、液压马达、车轴齿轮箱、轮对等组成，如图 4.3 所示。

SPZ-200 型配砟整形车的走行传动采用全液压传动。柴油发动机输出的扭矩通过弹性联轴器、万向传动轴传至分动齿轮箱，分别驱动两台 A4V125HD 变量液压泵。再通过这两台 A4V125HD 变量液压泵分别供油给两台 A6V107 变量液压马达，通过液压马达产生的扭矩带动前、后车轴齿轮箱驱动轮对转动。

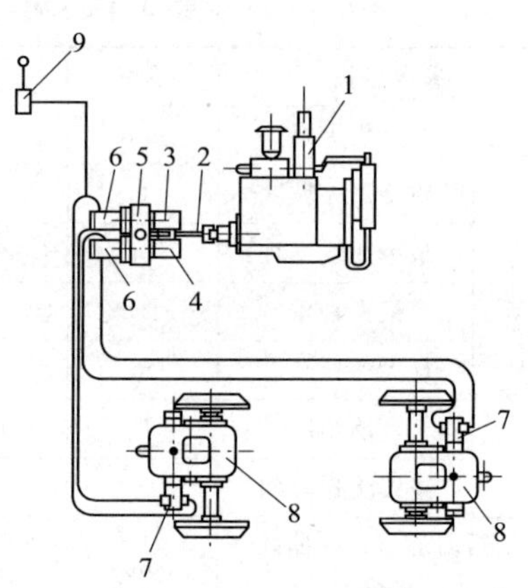

图 4.3 动力传动系统图

1—柴油发动机；2—万向传动轴；3、4—齿轮泵；5—分动齿轮箱；6—液压泵；7—液压马达；8—车轴齿轮箱；9—速度操纵杆

1. 运行速度

由于车轴齿轮箱有空挡、高速挡和低速挡三种挡位，液压控制系统也可以对运行速度进行无级调速，所以，配砟整形车可以分别实现最高 1∶7.052、最低 1∶39.354 速比的各种运行速度。区间运行最高速度为 80 km/h；作业速度为 0～12 km/h；作业最大牵引力为 70 kN。

2. 柴油发动机

SPZ-200 型配砟整形车主要采用的是德国道依茨公司生产的 BF8L413C 型风冷增压柴油发动机，后期生产的配砟整形车采用 BF8L513C 型风冷增压柴油发机。采用增压柴油发动机可以提高柴油发动机的功率。

3. 动力传递路线

柴油发动机动力⟶弹性联轴器⟶万向传动轴⟶输入轴法兰盘⟶

分动齿轮箱↗液压泵⟶液压系统⟶马达⟶轮对齿轮箱⟶轮对 1

分动齿轮箱↘液压泵⟶液压系统⟶马达⟶轮对齿轮箱⟶轮对 2

4.2.2　万向传动装置

在 SPZ-200 型配砟整形车的动力传动系统中，柴油发动机与弹性联轴器安装在一起，而弹性联轴器与分动齿轮箱之间，则装有万向传动装置。图 4.4 为万向传动轴外观图。

万向传动装置也称万向传动轴，一般由万向节和传动轴两部分组成，图 4.5 为万向传动轴结构图。

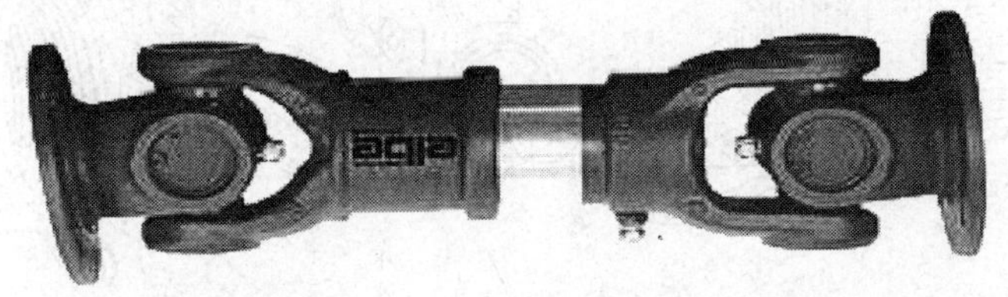

图 4.4　万向传动轴外观图

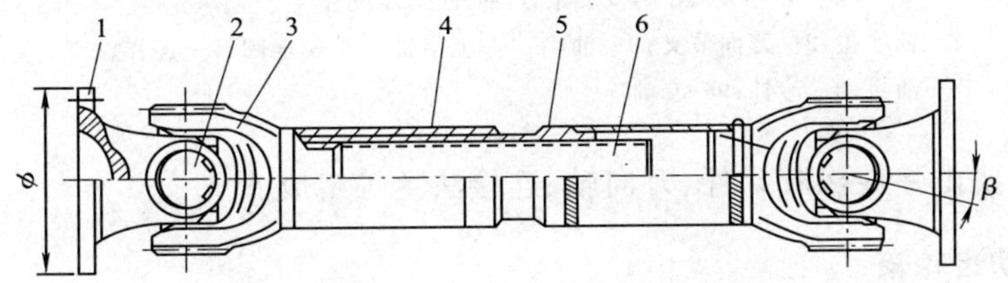

图 4.5　万向传动轴结构图

1—连接法兰；2—十字轴；3—万向节叉；4—防尘罩；5—花键套；6—花键轴

1. 十字万向节

万向节有弹性和刚性两种，工程机械上普遍使用的是普通十字刚性万向节。图 4.6 所示为普通十字刚性万向节及组成。

2. 传动轴

传动轴的长度应能随其两端与之连接的两部件间相对位置的变化而变化，所以，传动轴由两段构成，中间靠花键连接。SPZ-200 型配砟整形车采用的是可伸缩万向传动轴，其全长为 500 mm，可调整伸缩量为 40 mm，最大工作扭矩 2 000 N · m。

万向传动轴的一端与柴油发动机输出轴弹性联轴器相连，另一端与分动齿轮箱的输入轴相连，通过传动轴就把柴油发动机所产生的动力传递给分动齿轮箱。

3. 弹性联轴器

为了减轻柴油发动机振动对分动齿轮箱齿轮传动的冲击载荷，在柴油发动机的输出端与万向传动轴连接处，安装了高弹性的橡胶联轴器，其结构如图 4.7 所示。弹

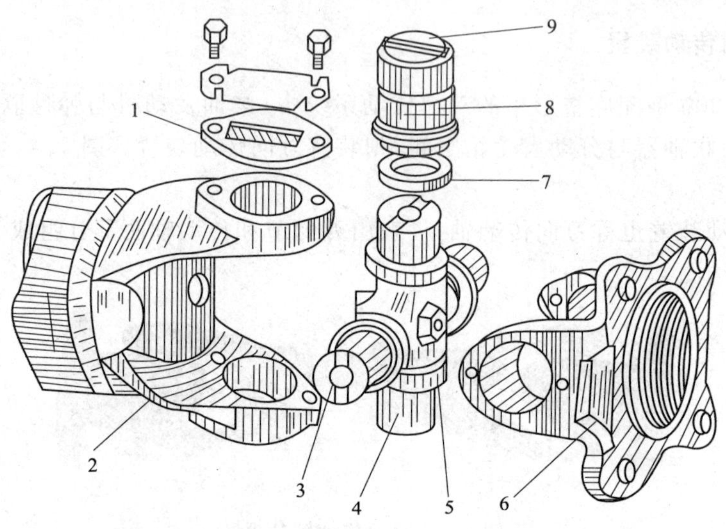

图 4.6　十字轴刚性万向节

1—轴承盖；2—万向节叉；3—油嘴；4—十字轴；5—安全阀；6—连接法兰；7—油封；8—滚针；9—套筒

性联轴器主要由弹性橡胶元件、万向轴、连接法兰等组成。

4.2.3　分动齿轮箱

分动齿轮箱是将原动机或输入轴的动力分配给多个驱动装置的传动箱。

1. 分动齿轮箱的作用

分动齿轮箱是将原动机或输入轴的动力分配给多个驱动装置的传动箱。配砟整形车采用全液压传动，为了将发动机的动力分配给每一个作业装置的液压系统动力执行元件，因此设有分动齿轮箱。

2. 分动齿轮箱的构造

SPZ-200 型配砟整形车分动齿轮箱的结构如图 4.8 所示。它由箱体、齿轮、轴和轴承等组成。

3. 动力经分动齿轮箱传递情况：

分动齿轮箱内有三根轴，即一根输

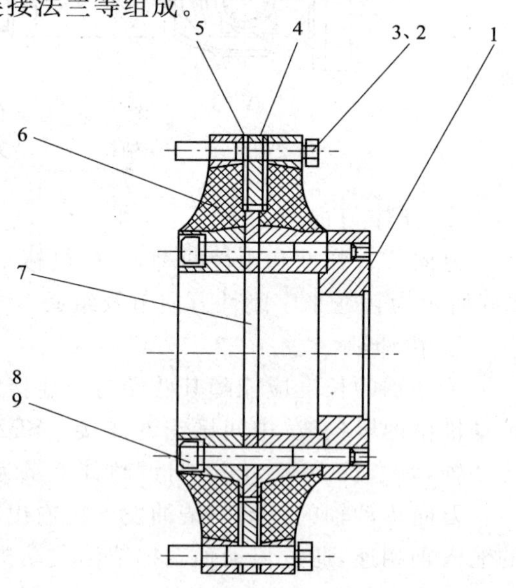

图 4.7　弹性联轴器

1—万向轴连接法兰；2、8(3、9)—螺栓及弹簧垫圈；4—限位外圈；5—垫圈；6—弹性元件总成；7—限位内圈

入轴、两根输出轴，它是一个三轴一级减速箱。

分动齿轮箱动力传递：输入轴 Ⅰ ⟶ 通过 Z_2/Z_1 相啮合 ⟶ 轴出轴 Ⅱ；通过 Z_3/Z_1 相啮合 ⟶ 轴出轴 Ⅲ

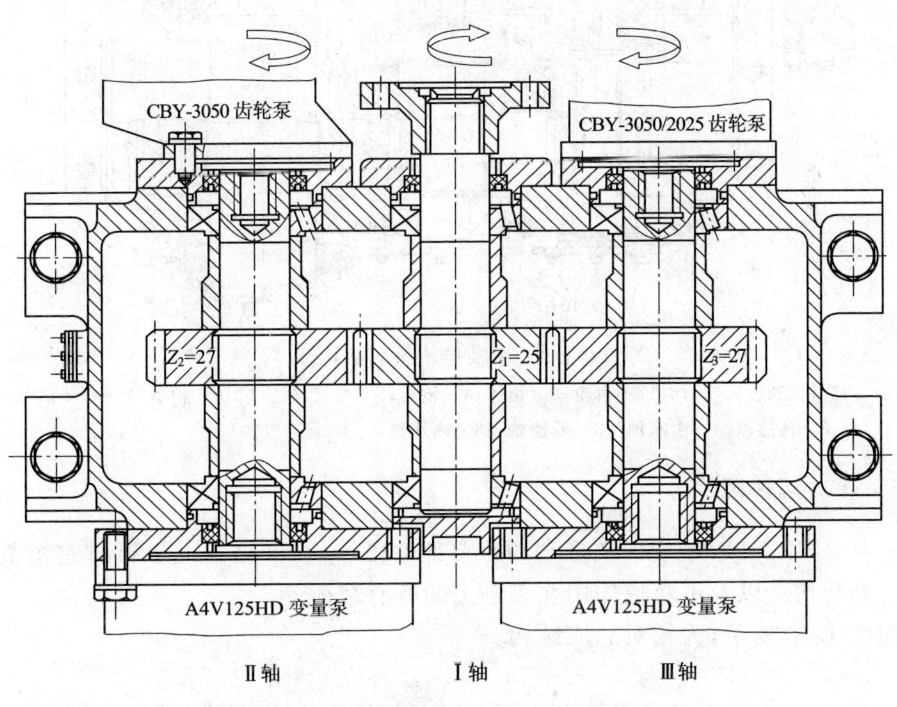

图 4.8　分动齿轮箱的结构图

4.2.4　车轴齿轮箱

SPZ-200 型配砟整形车为两轴车，高、低速均为两轴驱动，共有前、后两个车轴齿轮箱。

1. 车轴齿轮箱的作用

在配砟整形车的动力传动系统中，车轴齿轮箱的作用是改变液压马达输出的转矩和转速，以适应配砟整形车作业走行、区间运行和当配砟整形车与列车连挂运行时，不同工况条件下，对机械牵引力和运行速度的要求。

2. 车轴齿轮箱的构造

图 4.9 所示为车轴齿轮箱的结构图。

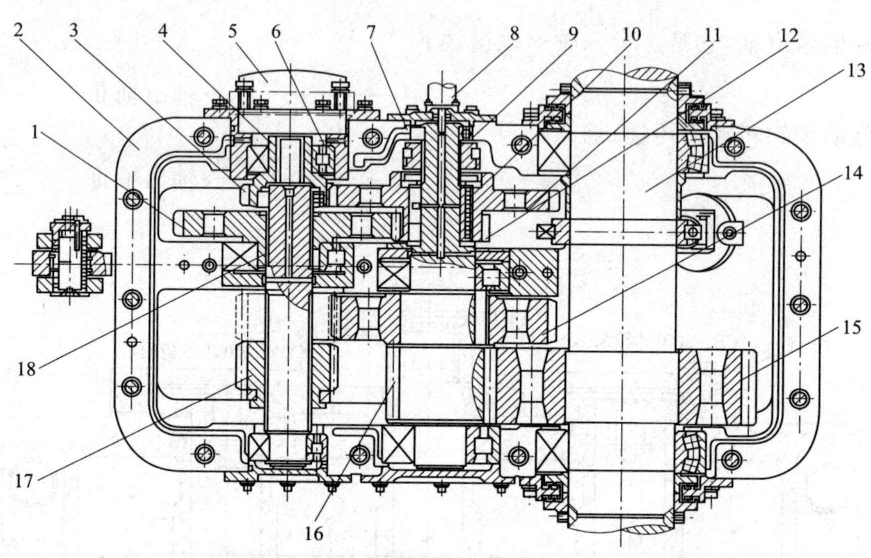

图 4.9 车轴齿轮箱的结构图

1、3、11、12、14、15、16、17—齿轮；2—箱体；4—轴套；5—变量马达；6、10—轴承；7—高速挡块；8—传感器；9—中间轴；13—低速轴；18—高速轴

4.2.5 轮对与轴箱

轮对是 SPZ-200 型配砟整形车的重要部件之一，在铁路线上运行时它承受着由车辆传到轨道上以及由轨道作用在车辆上的所有载荷。

如图 4.10 所示，为轮对总成结构。

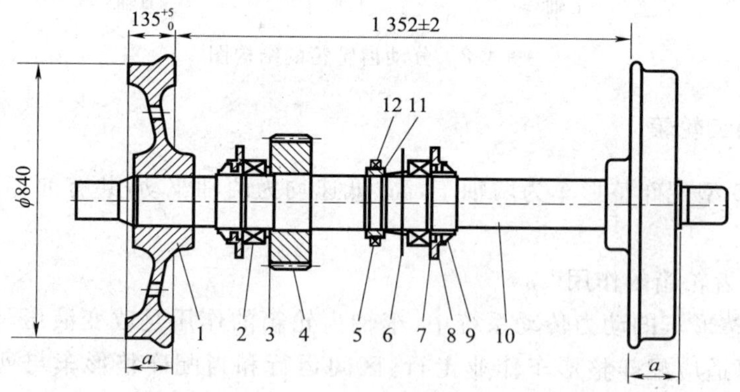

图 4.10 轮对组成结构

1—车轮；2、12—轴承；3—隔套；4—车轴齿轮；5—偏心套；6—挡套；7—迷宫套；8—轴承盖；9—压盖；10—车轴；11—轴用弹性挡圈

4.3 工作装置

工作装置是完成配砟整形作业功能的执行机构，由中犁、侧犁和清扫装置组成。中犁和侧犁的主要功能：是完成道床的配砟及整形作业，使作业后的道床布砟均匀，并按线路的技术要求使道床断面成形。清扫装置的作用是将作业过程中残留于轨枕及扣件上的道砟清扫干净，并移至边坡和砟肩，使线路外观整齐、美观。

工作装置在使用过程中应随时提升、偏转各种装置以适应工况要求和躲避障碍物。

SPZ-200 型配砟整形车的作业性能如下：

最大配砟宽度：3 620 mm；

最大整形宽度：6 600 mm；

最大清扫宽度：2 450 mm；

整形道床边坡：任意；

作业速度：0～12 km/h。

4.3.1 中犁

1. 中犁的结构

中犁装置的结构如图 4.11 所示。它主要由中犁板、翼犁板、导流板、护轨罩、主架、气锁及中犁油缸、主油缸等组成。

(1)主架与升降油缸

主架是中犁装置的基础，它是由底板、吊板及中心轴组焊在一起的焊接结构件。主架上部通过升降油缸悬吊在机体的门架上，下部底板上用四根相互平行的连杆悬挂在车架上，这种典型的“平行四连杆机构”能保证中犁装置在升降过程中始终与轨面平行。同时连杆机构承受了中犁装置在作业时的外界阻力。升降油缸则是中犁装置升降的执行元件，在油缸小腔进油口处装有可调节的节流阀，以使中犁装置升降平稳，到位准确。在底板前端两侧垂直焊接两块导向板，其间距比车架外侧宽度约大 5 mm，导向板的作用是限制中犁装置的横动量。

(2) 中犁板与中犁板油缸

四块中犁板与线路中心线呈 45°角“X”形对称布置，用中犁板油缸悬吊在主梁的吊板上，中犁板沿主架中心轴和护轨罩上导流板凳导槽上下移动，最大行程为 450 mm，中犁板像个“闸”，通过四块板不同的开闭组合，来实现道砟的不同方向的流向，因此中犁板是道床配砟作业的主要执行元件之一。八种不同工况道砟配砟流向如图 4.12 所示。

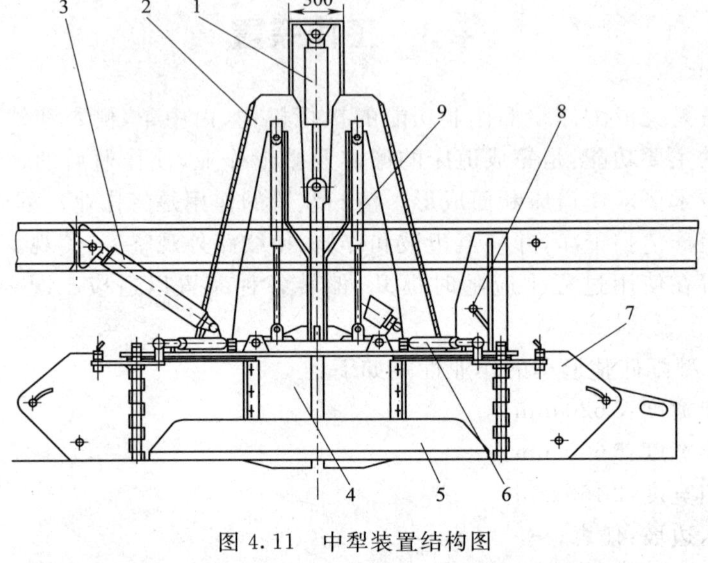

图 4.11 中犁装置结构图

1—升降油缸；2—主架；3—连杆；4—中犁板；5—护轨罩；6—翼犁板油缸；7—翼犁板；8—机械锁；9—中犁油缸

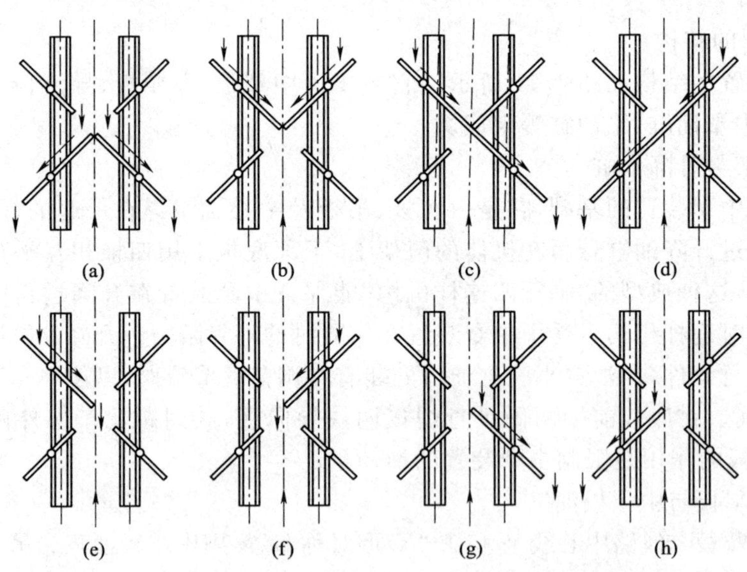

图 4.12 八种不同工况道砟配砟流向图

(3)护轨罩与导流板

两个护轨罩对称布置在两股钢轨的正上方，每个护罩上焊接两块导流板，导流板与轨道呈 45°夹角，且与中犁板在同一截面内，用螺栓连接于主架底板下方。

导流板的作用：一方面为流动的道砟导向，另一方面为中犁板提供导向。

护轨罩的作用：当进行道床配砟作业时，不使道砟堆积于钢轨两侧的扣件之上，甚至掩埋住钢轨，以保证机械在线路上正常施工。

SPZ-200 型配砟整形车护轨罩可适用于任意轨型，操纵升降油缸可使护轨罩准确地置于任意高度，作业时护轨罩底边距轨枕面的高度一般控制在 20～30 mm 为宜。

(4)翼犁板与翼犁板油缸

翼犁板的结构如图 4.13 所示。

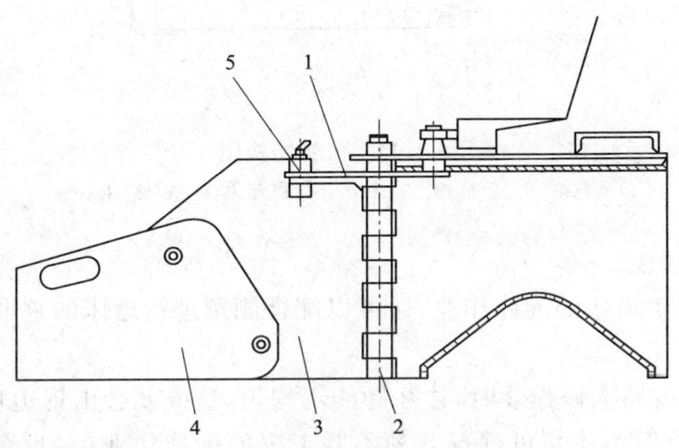

图 4.13 翼犁板结构简图

1—扇形板；2—铰轴；3—固定犁板；4—可调犁板；5—活动销

扇形板和固定犁板用铰轴铰接于护轨罩的导流板上，而它们之间由活动销固定。扇形板沿圆周方向布置了 3 个销孔，当活动销将固定犁板与扇形板在不同位置上锁定时可改变翼犁板的初始角度。翼犁油缸的活塞杆端与扇形板上油缸座连接，操纵翼犁油缸，通过扇形板带动整个翼犁板绕铰轴旋转。从而实现不同作业功能的要求。可调犁板一般固定不动，保持下底边与轨面平行，除非道床作业时对砟肩整形有特殊要求或底边磨耗后才调整。

(5)气锁与机械锁

气锁结构如图 4.14 所示。气锁是中犁的安全装置之一。当配砟整形车作业完毕后，将中犁收起，操纵汽缸，推动锁销穿过上、下锁座，将中犁装置锁定于车体上。

从而保证配砟整形车在区间运行的安全。机械锁是辅助安全装置。机械锁实际上是机械销。当司机确认气锁锁定可靠后，再用机械销将主架上的导向板与车体销接固定，这样实现了安全运行的双保险。

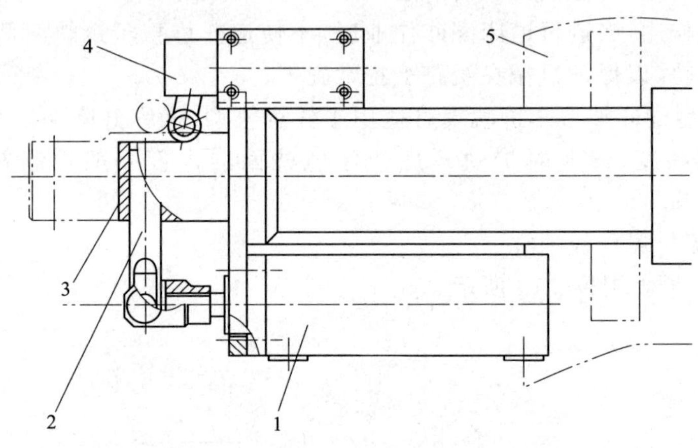

图 4.14　气锁结构图

1—汽缸；2—连杆；3—锁销；4—行程开关；5—锁座（上、下）

2. 中犁的功能

中犁主要用于道床的配砟作业，还可以配合侧犁进行道床的整形作业，具体作业功能有：

(1) 在铁路线路大修作业时，往往卸砟不均匀，这样就会出现边坡或枕木盒内道砟过多或过少的情况，中犁可进行 8 种不同工况的配砟作业（参见图 4.12），使道床布砟均匀。

(2) 线路进行捣固作业时，要求钢轨两侧枕木盒内有足够的道砟，中犁的配砟作业可以向枕盒内配备足够量的道砟。

(3) 在对道床进行整形作业时，中犁可以配合侧犁作业，使道床断面形状符合技术要求。

4.3.2　侧犁

1. 侧犁的结构

两个侧犁装置左、右对称地布置在车体两侧，其结构如图 4.15 所示。每个侧犁都由主侧犁板、前后翼犁板及伸缩臂、油缸等组成。

(1)滑板与翻转油缸

滑板为钢板焊接而成的矩形箱形结构，其一端与车体铰接，用翻转油缸悬挂于车体的左右两侧，滑板既可以起支承侧犁装置的作用，又可以作为侧犁板伸缩滑动的导向机构。

操纵翻转油缸可将侧犁置于作业所需的任意高度。由于翻转油缸小腔进油口处装有节流阀，可保证侧犁下落平稳。当配砟整形车处于区间运行位时，翻转油缸复位，将侧犁翻起，并锁定于车体门架处的保险钩上。

(2)滑套与滑套油缸

滑套为断面呈矩形的方套结构，两端焊有加强钢带，以增加滑套的强度，滑套在滑板内伸缩移动。主侧犁板铰接在其下方，与滑套联成一体，主侧犁板由犁板角度调节油缸定位。当滑套油缸伸缩时，滑套带动犁板沿滑板滑动，最大位移量为 660 mm，操纵滑套油缸，调节滑套的伸距，即可以达到侧犁所要求的作业宽度。当在路肩处有障碍物(如路标、电杆等)时，可以不必升起侧犁，只要调节滑套伸距及翼犁板角度，即可不碰撞障碍物。由于不必升起犁板，因此可以避免道砟的堆积，使侧犁通过后的道床边坡保持平顺的断面形状。

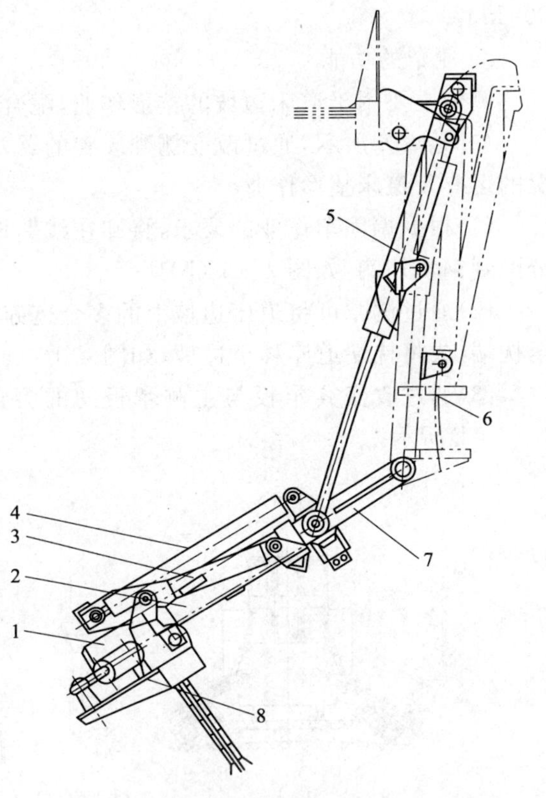

图 4.15 侧犁结构图

1—滑板；2—滑套；3—犁板角度调节油缸；4—滑套油缸；5 翻转油缸；6—主侧犁板；7—翼犁油缸；8—翼犁板

(3)主侧犁板与翼犁板

主侧犁板与两块翼犁板组成侧犁板，它是完成侧犁作业功能的主要执行元件。翼犁板铰接于主侧犁板两侧，通过翼犁油缸的作用改变翼板与主侧犁板的夹角；从而实现道砟在边坡上的不同流向。犁板角度油缸用于调整侧犁板与滑套轴线的夹角，可使道床边坡成形为给定坡度。侧犁板在作业时要承受很大的载荷，有时还会遇到意外的冲撞，必须具有足够的强度和刚度，为此在主侧犁板和翼犁板外侧焊有加强筋板，保证犁板不会变形。为提高侧犁的使用寿命，在主侧犁板下端两侧及翼犁板下端

外侧装有耐磨钢制成的刃口，磨损到限后可以更换，一般情况下可使用 150～200 km。

2. 侧犁的功能

侧犁主要用于道床边坡的整形作业，配合中犁可进行道砟的配砟作业。

如图 4.16 所示，通过改变侧犁装置的翼犁板角度，可以完成如图 4.16 中 4 种工况的运砟及道床整形作业：

(1)根据捣固车作业的要求，将卸在线路两侧的道砟通过侧犁沿线路方向运送，分配到钢轨外侧，如图 4.16 (b)所示。

(2)通过侧犁可将道床边坡上的多余道砟按需要作近距离搬移，即将边坡道砟移至枕端，或将枕端道砟移至边坡，如图 4.16 (a)、图 4.16 (c)所示。

(3)通过改变翼犁板与主侧犁板间的夹角，可以完成整平路肩面的作业，如图 4.16 (d)所示。

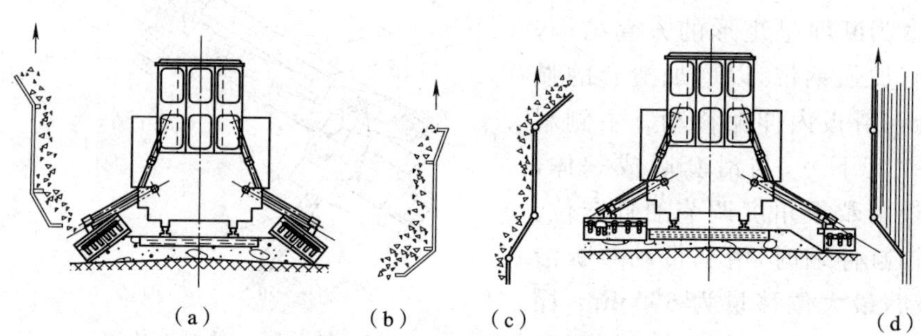

图 4.16　侧犁完成 4 种工况作业图

(a)将道砟从边坡移至枕端；(b)将道砟沿线路方向运送；(c)将道砟从枕端移至边坡；(d)整平路肩面

4.3.3　清扫装置

它主要包含滚刷和输砟带两部分，它们分别由液压马达驱动。清扫装置结构如图 4.17 所示。

清扫装置的功能：

道床经过清筛、配砟、捣固等作业后，往往在轨枕表面及扣件上残留部分道砟，清扫装置既可将道砟扫入轨枕盒内，又可将多余的道砟沿上砟斜板抛到运输带上，再抛至道床边坡。清扫装置不能双向作业，仅用于配砟整形车正向行驶时作业，作业速度则取决于轨枕面残留道砟量的多少。

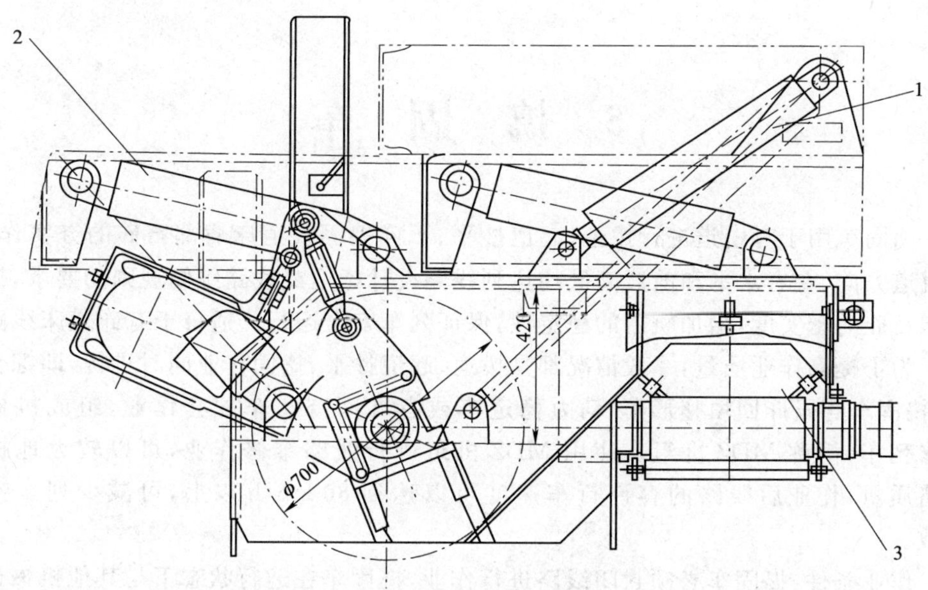

图 4.17　平行四连杆悬挂式清扫装置

1—升降油缸；2—连杆；3—输砟带

复习思考题

1. 配砟整形车主要由哪几部分组成？
2. 配砟整形车的作用是什么？
3. 简述 SPZ-200 型配砟整形车的主要技术性能。
4. SPZ-200 型配砟整形车动力传动系统由哪些部件组成？
5. SPZ-200 型车动力是如何传递的？
6. SPZ-200 型车区间运行最高速度和作业速度各是多少？
7. 配砟整形车的工作装置由哪几部分组成？
8. 配砟整形车的中犁装置可以完成哪 8 种工况的配砟作业？
9. 侧犁装置可以完成哪 4 种工况的运砟及道床整形作业？

5 捣 固 车

捣固车用于对轨道进行拨道、起道抄平、石砟捣固及道床肩部石砟的夯实作业，使轨道方向、左右水平和前后高低均达到线路设计标准或线路维修规则的要求，提高道床石砟的密实度，增加轨道的稳定性，保证列车安全运行。适合于有砟道床线路修理。为了提高作业质量，一般情况都是拨道、起道抄平、捣固作业同时进行，即综合作业，捣固车与石砟回填整形车、动力稳定车或者枕间夯实车配套作业，组成机械化维修列车，简称 MDZ 机组。使用 MDZ 机组进行线路维修作业，可以较大地提高线路质量，作业后线路的容许行车速度可以达到 80 km/h 以上，可减少列车慢行次数。

作业条件：捣固车必须封闭线路进行作业，捣固车在运行状态下与其他机械连挂进入封闭区间，到达作业地点后，机组解体，捣固车由运行状态转换为作业状态后开始工作，作业中捣固车需要操纵及辅助人员共 5～7 人，若线路封闭 3 h，捣固车可以完成 2～3 km 左右的线路综合维修。捣固车运行时在一端司机室由一人驾驶，最高运行速度达 80 km/h，长途运行时捣固车可以连挂在货运列车的尾部。

现在生产捣固车的世界著名公司有中国昆明、襄樊等铁路机械厂，奥地利的普拉塞与陶依尔公司(PLASSER & THEURER)、瑞士的马蒂沙公司(MATISA)，美国的坦博公司(TamPer)，他们生产的捣固车类型较多，主要有以下几种类型：

按同时捣固轨枕数：分为单枕捣固车(如 08-16 型捣固车)、双枕捣固车(如 DCL-32 型、08-32 型、09-32 型捣固车)、三枕捣固车(DWL-48 型捣固车)、四枕捣固车。

按作业对象：分为线路捣固车、道岔捣固车(如 CDC-16 型、08-475 型道岔捣固车)。

按作业走行方式：分为步进式捣固车(如 DC-32 型、08-32 型)、连续式走行捣固车(如 DCL-32 型、09-32 型捣固车)。

按作业功能：分为多功能捣固车(如 DWL-48 型拨道，起道抄平，捣固稳定车，08-32 型拨道、起道抄平捣固车)、单功能捣固车。

另外还有防尘、防噪声等具有特殊功能的捣固车。图 5.1 所示为捣固车外观图。

图 5.1 09-32 型连续式走行作业捣固车

5.1 DWL-48 型捣固稳定车的结构及主要技术性能

5.1.1 概述

1. 作用与作业情况

DWL-48 型三枕连续式捣固稳定车，如图 5.2 所示，能够实现连续式三枕或单枕捣固作业，同时对线路进行动力稳定作业；也能够实现步进式三枕或单枕捣固作业。该机能完成高速铁路大修和维修的起道、拨道、抄平、捣固、碴肩夯拍、稳定等综合作业。横向水平作业精度为±2 mm，纵向高低作业精度为 4 mm，拨道作业精度为 2 mm，最大作业效率为 2 200 m/h。

该机适用于 50、60、75 kg/m 钢轨，木枕或混凝土轨枕（Ⅲ型混凝土轨枕配置 1 667根/km；Ⅱ型混凝土轨枕配置 1 680～1 840 根/km），碎石道床，单线或线间距 4.0 m 及以上的复线或多线区段进行作业。

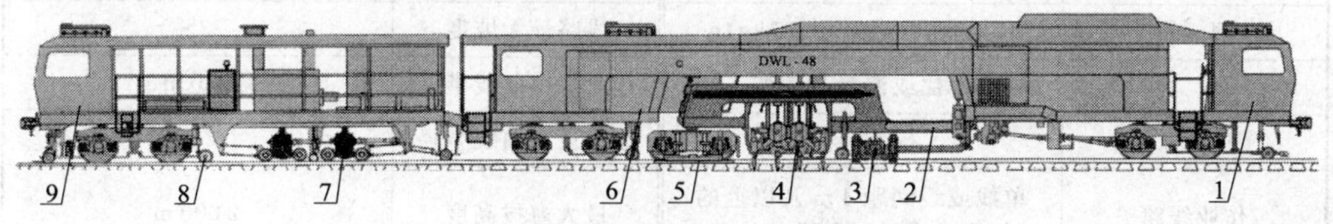

图 5.2 DWL-48 型三枕连续式捣固稳定车

1—前控制司机室；2—作业小车；3—起拨道装置；4—捣固装置；5—夯拍装置；6—作业司机室；7—稳定装置；8—测量小车；9—后控制司机室

2. 结构

DWL-48 型捣固稳定车，该车由捣固作业车和稳定作业车两部分组成，采用 48 把捣固镐头和 2 套动力稳定装置。是集机、电、液、气为一体的机械，采用了大量的先

进技术，如电液伺服控制技术、自动检测技术、微机控制技术、激光准直等。

主要结构：捣固车支撑于两个两轴转向架上。稳定小车前端通过铰接方式连接到捣固车后部，其后端支撑于一个两轴转向架上；捣固车的工作小车位于Ⅰ、Ⅲ转向架之间，工作小车的前部通过导向滚轮支撑到主车架上，其后端支撑于另一个两轴转向架上。

箱形梁结构主车架有足够的强度和刚度，车架设计能承受1 250 kN的轴向压缩力，可以满足作业中起拨道和捣固的需要。

机器前后两端装有符合中国铁路标准和通用的、带有缓冲装置的自动中心车钩。车钩最大摆角：±11°。

中心车钩距轨面高：(880±10) mm，车钩的拉伸破坏力不小于3 000 kN，缓冲装置的容量不小于35 000 N·m，能承受2 000 kN的力。缓冲器采用KC-15型缓冲器。

转向架：采用四个两轴转向架，作业方向为前，从前端起依次为转向架Ⅰ、Ⅱ、Ⅲ、Ⅳ。

DWL-48型三枕连续式捣固稳定车主机是：由两轴转向架、专用车体和司机室、捣固作业车、稳定作业车、夯拍装置、起拨道装置、检测装置、液压系统、电气系统、气动系统、动力及动力传动系统、制动系统、操纵装置等组成。附属设备有材料车、激光准直设备、线路测量设备等。如图5.3所示。

5.1.2 主要技术性能

DWL-48型捣固稳定车作业条件见表5.1。

表5.1 DWL-48型捣固稳定车作业条件

项　目	作业条件	项　目	作业条件
钢　轨	50 kg/m、60 kg/m、75 kg/m	线路最大坡度	33‰
轨　枕	木枕或混凝土轨枕	作业最小曲线半径	250 m
道　床	碎石道床	运行最小曲线半径	180 m
作业线路	单线或线间距4 m及以上的复线或多线区段进行作业	最大海拔高度	2 000 m
特殊环境	可在雨天、夜间、风沙、灰尘环境下作业	环境温度	−10 ℃～+50 ℃
轨　距	1 435 mm	环境湿度	平均70%
线路最大超高	150 mm	电气化区间	机器在接触网不断电条件下作业

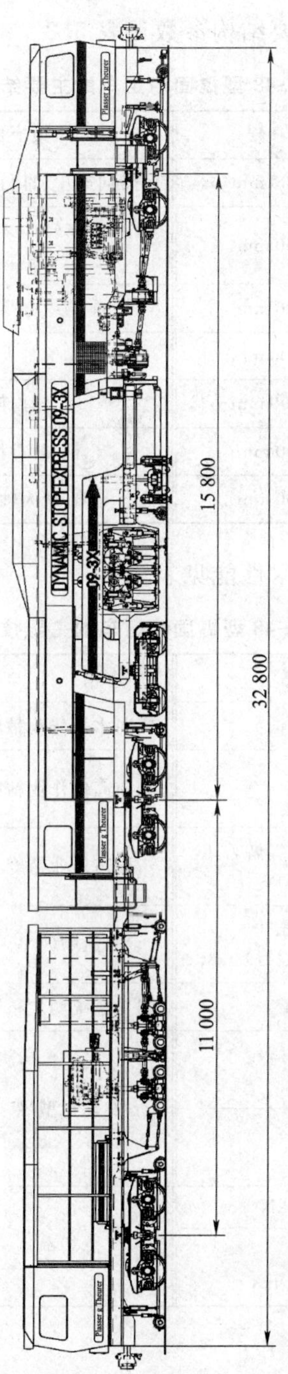

图 5.3 DWL-48 型三枕连续式捣固稳定车主机

DWL-48 型捣固稳定车的主要结构参数见表 5.2。

表 5.2　DWL-48 型捣固稳定车的主要结构参数

项　目	参　数	项　目	参　数
总　长	32 800 mm	转向架Ⅰ、Ⅲ、Ⅳ车轮直径	ϕ920 mm
总　宽	2 900 mm	工作小车转向架（转向架Ⅱ）车轮直径	ϕ840 mm
总　高	4 030 mm	车钩中心高距轨面	(880±10) mm
转向架Ⅰ、Ⅲ心盘距	15 800 mm	车钩最大摆角	±10°
转向架Ⅲ、Ⅳ心盘距	11 000 mm	车轮内侧距	(1 353±2) mm
转向架Ⅰ、Ⅲ、Ⅳ轴距	1 800 mm	总重量	123 t
工作小车转向架轴距	1 500 mm	最大轴重	不超过 23 t

DWL-48 型捣固车的主要技术性能见表 5.3。

表 5.3　DWL-48 型捣固稳定车的主要技术性能

项　目	性能及参数	项　目	性能及参数
自行最高速度	100 km/h（双向）	横向水平作业精度	±2 mm
允许挂运速度	120 km/h	纵向高低作业精度	4 mm（直线 10 m 距离两测点间高差）
空气制动形式	排风制动，一次缓解，缓解时间<10 s	拨道作业精度	2 mm（16 m 弦 4 m 距离两点正矢最大差值）
紧急制动距离	340～400 m（以 80 km/h 运行）	起道顺坡率	≤0.1%
最大作业效率	2 200 m/h	测量系统测量精度	1 mm
作业时最大起道量	150 mm	发动机型号	BF8M1015C（安装在捣固车上）
作业时最大拨道量	±150 mm		BF6M1013C（安装在稳定车上）
最大起道、拨道力	250 kN、150 kN	总功率	543 kW（区间走行）
捣固深度	560 mm（从轨顶面向下）		613 kW（作业）

5.1.3 发动机及动力传动技术

1. 发动机

DWL-48 型捣固稳定车，采用道依茨水冷发动机为动力，分别驱动液力变矩器和液压泵、制冷压缩机、空气压缩机、稳定小车。道依茨水冷发动机由曲轴连杆机构、配气机构、冷却系统、润滑系统、燃油供给系统、电气系统等组成。

型号：	BF 8M 1015C	（安装在捣固车上）
	BF 6M 1013C	（安装在稳定小车上）
发动机输出：	BF 8M 1015C	370 kW（区间走行）
		440 kW（作业）
	BF 6M 1013C	173 kW
总功率：	区间走行	543 kW
	作业	613 kW

燃油箱总容积：大约 4 000 L（安装在稳定小车上）。

2. 动力传动

(1)动力传动技术：DWL-48 连续捣固稳定车动力传动技术主要采用了液力机械传动技术和静液压传动技术。液力机械传动技术一般用于高速运行中，发动机输出的动力经过液力变矩器、机械传动装置传送至主驱动轮对，驱动大型养路机械自行，速度可达 90～100 km/h。液力变矩器可以在一定范围内自动地无级改变输出轴上的力矩，能自动适应行驶阻力的需要，满足大型养路机械运行的要求。静液压传动技术既用于高速运行，也用于低速作业走行，由发动机输出的动力经过液压泵、液压马达和机械传动装置传送至主、辅驱动轮对，驱动大型养路机械高速运行或低速走行。通常，高速运行采用闭式静液压传动系统，低速走行则采用开式静液压传动系统。图 5.4 为捣固车的动力传动系统示意图。

捣固车一般采用液力机械传动技术驱动整车高速运行，采用静液压传动技术驱动整车作业走行，但 DWL-48 连续捣固稳定车由于整机长度大，轴重大，需要更强的动力，因此设置了前后两台发动机同时驱动，并在高速运行时同时采用了液力机械传动和静液压传动，有效地提高了整机的运行性能。

(2)驱动轴：高速走行，转向架Ⅰ上的 1、2 两轴和转向架Ⅲ上的一根轴；作业走行，转向架Ⅰ上 1、2 两轴和转向架Ⅱ上 3、4 两轴及转向架Ⅲ上的一根轴。

(3)区间走行驱动：发动机输出的动力经过传动轴、泵驱动齿轮箱、液力变矩器、换挡变速箱、分动箱、转向架Ⅰ上的 1、2 轴轴齿轮箱，驱动 1、2 轴；液压马达输出的动力驱动转向架Ⅲ上一根轴；运行方式：可以前、后司机室操作，双向运行；驾驶位在驾

驶室左侧。

最高运行速度：自行 100 km/h；连挂 120 km/h。

(4)作业走行驱动：转向架Ⅰ、Ⅱ的两轴和转向架Ⅲ的前轴齿轮箱上安装液压马达用于作业走行驱动；操作方式：由作业司机半自动控制车辆运行。

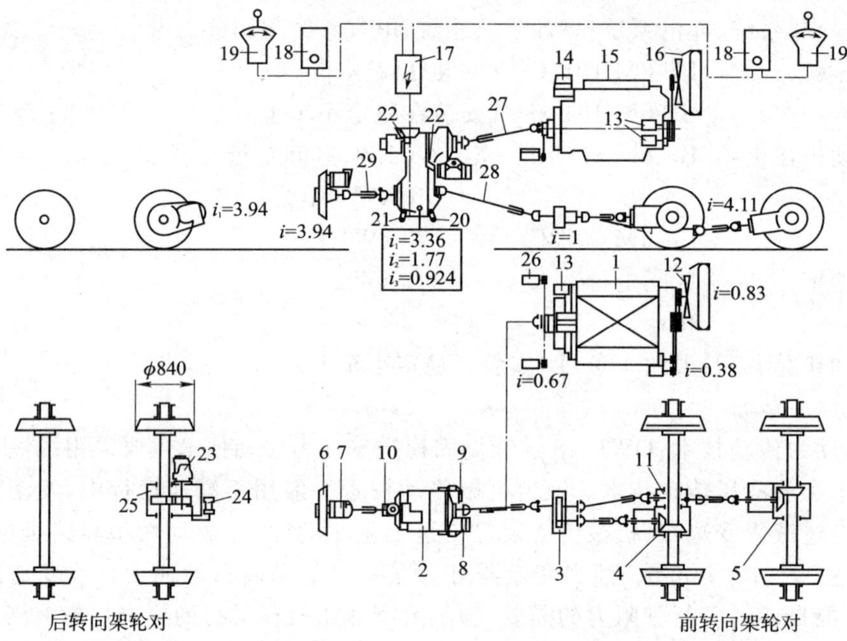

图 5.4　捣固车的动力传动系统示意图

1—柴油机；2—液力机械变速箱；3—分动箱；4、5、25—车轴减速箱；6—减速箱；7、23—油马达；8、9、10—油泵；11—过桥传动轴；12—液压油冷却风扇；13—发电机；14—空气压缩机；15—机油散热器；16—液压油散热器；17—电气接线盒；18—电气开关；19—变速操纵盒；20—走行离合器操纵杆；21—作业走行离合器操纵杆；22—油泵离合器操纵杆；24—离合风缸；26—制冷压缩机；27、28、29—传动轴

5.1.4　制动系统

1. 制动方式

转向架Ⅰ、Ⅲ、Ⅳ：每个车轮上有两个复合制动闸瓦。工作小车转向架、仅在作业方式下参与制动，采用液压制动，每个车轮上有一个复合制动闸瓦。

2. 控制方式

区间运行：通过操作制动闸控制制动动作。紧急制动距离：速度 80 km/h 时，制

动距离 340～400 m。为了不至于擦伤车轮，一般制动操作应逐渐进行。

下列线路条件下相对不易擦伤车轮：

(1)干燥的光滑轨面；

(2)无锈蚀的光滑轨面；

(3)无油脂污染的光滑轨面。

转向架Ⅱ：液压制动，由专门设计的电路进行控制；转向架Ⅰ、Ⅲ，液压制动。

3. 制动系统参数

制动系统采用 DK-1 制动机。缓解时间：不超过 10 s；列车管压力：500 kPa；风管接头类型：中国铁路标准。

4. 手制动

机械制动，通过手轮、手链、拉杆作用于转向架。制动率不小于 20%。

5.2　工作机构

DWL-48 型连续捣固稳定车工作机构主要采用了捣固技术、起拨道技术、辅助起道技术和稳定技术等。

5.2.1　捣固装置

1. 捣固技术

捣固技术是捣固车的核心技术，通过捣固装置实现。捣固装置通过捣镐的挤压(夹持)、振动的方式使道砟流动填充到轨枕下面，以恢复轨道弹性，消除轨道的高低不平，增强轨道的稳定性。

捣固装置的结构形式各异，所配备的捣镐数量不同，可以实现的功能也有区别，但捣固技术所采用的工作原理是一致的，都是夹持和振动两种运动的合成。如图 5.5 所示，捣固装置以曲柄连杆和摇杆形式振动，作业时捣镐成对地插入道床并向轨枕方向夹持，捣镐的镐掌将受到被挤压道砟的阻力作用。当道砟阻力与预设的捣镐夹持力相等时，相应的捣镐将自动停止夹持动作，而其他捣镐继续夹持直至达到预定的夹持力。

2. 捣固装置

DWL-48 连续捣固稳定车相对于线路中心，有两组对称排列的捣固装置，共计 48 把捣镐，可同时捣固 3 根轨枕，也可捣固单根轨枕。捣镐对称排列在钢轨两侧。

位于两侧的三轨枕捣固装置，通过 4 根导向柱安装在一个捣固框架上，捣固框架安装在工作小车构架上。工作小车前端，支承在一个与主车架相连接的支撑滚轮装

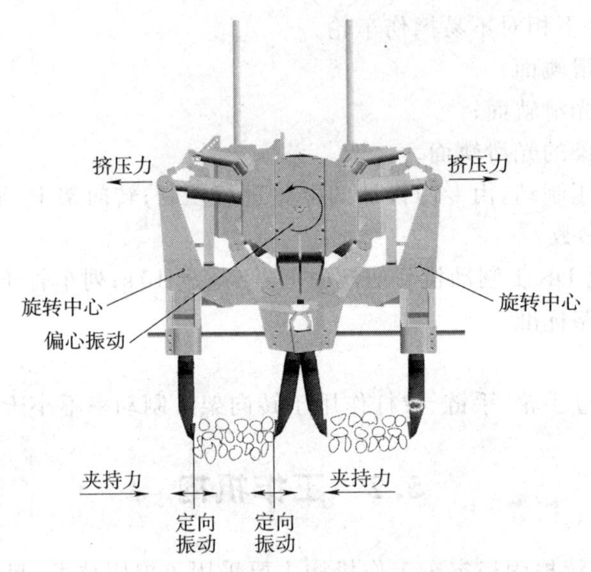

图 5.5 捣固装置基本结构与原理

置上，并能够沿车体方向作纵向运动。工作小车后端，支撑在一个两轴转向架上。作业过程中，大车匀速向前运动，液压马达驱动工作小车往复运动，完成工作循环。

操作者可根据需要选择作业模式，作业模式有全自动、半自动、手动捣固。

在曲线上作业时，捣固装置可自动对准钢轨中心。

捣镐的振动运动是由液压马达带动偏心轴，通过夹持油缸将振动传递镐臂，接着引起捣镐的振动运动来实现。在整个捣固过程中，捣镐一直处于微幅(振幅大小约10 mm)剧烈振动状态(振动频率 35 Hz)，使捣镐更容易插入道砟，振动的冲击力也利于提高道床密实度。

捣镐的夹持与放松动作通过夹持油缸来实现。夹持运动时，一组捣固装置上的全部油缸由相同液压回路供油，这就可保证异步振动的同时施加到每一个捣镐上相同压力。在一个作业循环结束，夹持压力切断，反向施加夹持油缸一个较小压力使捣镐打开，从而使夹持油缸运动平稳。为了适应不同的道砟条件，夹持压力可以调整。

3. DWL-48 型捣固装置作业功能可有如下选择：

(1)三枕连续捣固，同时动力稳定。如图 5.6 所示。

(2)单枕连续捣固，同时动力稳定，图 5.7 为单枕连续捣固稳定作业图。

(3)如果必要还可以实现下列功能：

①3 枕步进式捣固；

图 5.6　三枕连续捣固稳定作业图

图 5.7　单枕连续捣固稳定作业图

②单枕步近式捣固;

③仅动力稳定。

4. 捣固臂与捣镐

(1)捣固臂的作用:是安装捣固镐,传递振动力和夹持作用力。

内外捣固臂的结构相同,只是形状和长短不同。外捣固臂较长,内捣固臂短,如图 5.8 所示。

(2)捣固镐的结构形式:捣固镐由镐柄、镐身和镐头三部分构成,如图 5.9 所示。捣固镐以镐身形状不同可分为直镐和弯镐两大类,直镐装在外侧捣固臂上,弯镐装在内侧捣固臂上。

5.2.2　起拨道装置

1. 起拨道技术

捣固车利用起拨道技术进行起道和拨道作业。控制起拨道作业的关键是电液位

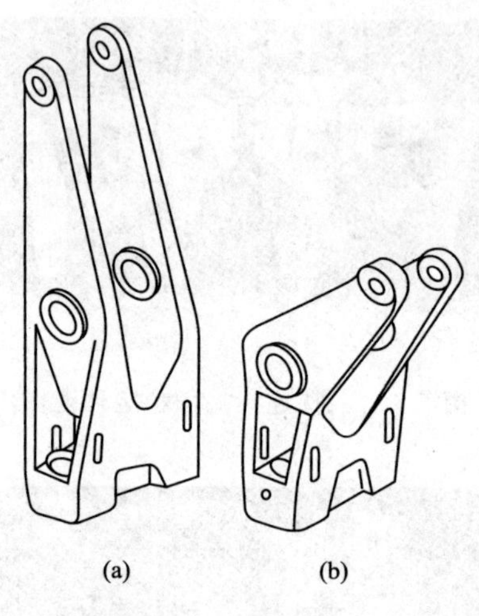

图 5.8 捣固臂

(a)外捣固臂;(b)内捣固臂

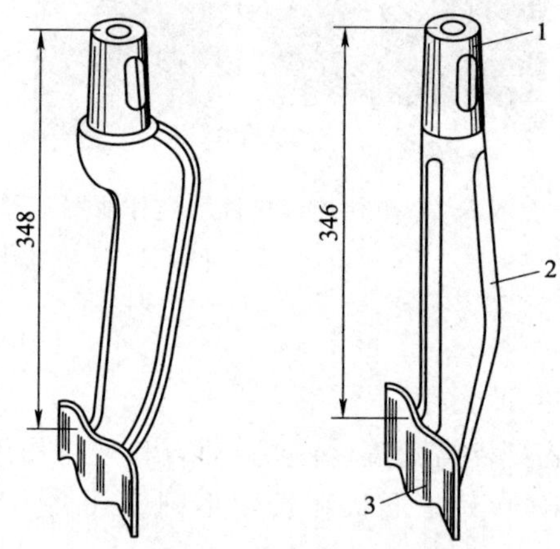

图 5.9 捣固镐结构

1—镐柄;2—镐身;3—镐头

置伺服控制系统。作业时,起道量和拨道量转换成电液伺服阀的相应液压信号输出,控制起拨道油缸将轨道移动到正确的位置,如图 5.10 所示。一般情况,捣固作业和起、拨道作业同步进行。起道量、拨道方向和拨道量按线路要求预先设定,在捣固装置对枕下道砟进行捣固的过程中,起拨道装置始终连续作业。

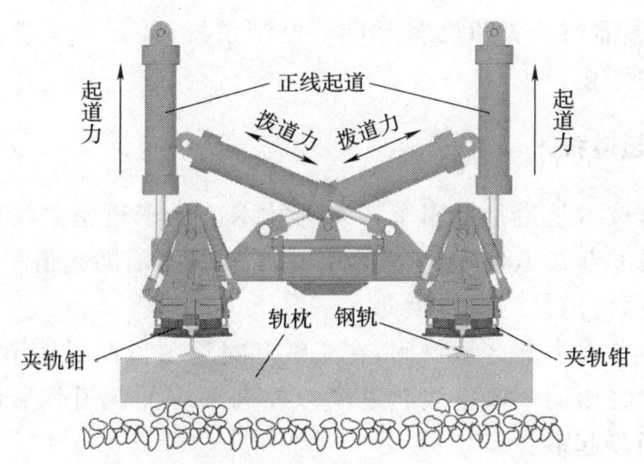

图 5.10　起拨道装置基本结构与原理

2. 起拨道装置作业分析

起拨道装置安装在捣固装置的前面。

每一套起道夹钳对应有两对拨道滚轮。在夹轨钳闭合位时，夹轨钳轮盘夹住钢轨轨头的内侧与外侧。这些滚轮形成一对夹钳，由油缸打开与闭合。

起道夹轨钳布置和垂直起道力保证不会使钢轨倾斜或使钢轨扣件形成过大的应力。在起道过程中起道提升油缸向车架方向提升，四个夹持点同时向上提升钢轨。

拨道装置安装了两个双轮缘拨道滚轮，并用两个水平布置的拨道油缸连接到车架上。拨道过程中，拨道油缸使两个起拨道架向需要的方向移动。通过拨道滚轮凸缘把拨道力传递给钢轨。这种分配的拨道力对钢轨扣件施加的有害应力最小，没有冲击，并能使钢轨移至正确的位置。

开始作业时，组合式的起道和拨道装置正确下降到钢轨上，并在整个作业过程中保持这个位置。车辆前进时，八个起道夹钳圆盘和四个拨道滚轮始终夹持住钢轨，并且由于滚动前行不会与钢轨扣件碰撞。

夹轨钳碰到障碍，比如钢轨接头或焊接接缝，夹轨钳将自动打开，不会对钢轨或车辆造成任何损坏。夹轨钳高度是可调整的，以适应不同钢轨类型。

由于起拨道装置可以在各方向自由移动，因此，在向前移动时不需要对钢轨施加任何外力就能自动适应曲线。

通常起道和拨道动作是在捣固装置下插时自动开始，直到满足自动抄平、起道控制电路信号要求，才停止继续起拨道动作；并保持钢轨正确的起道、拨道位置，直到捣固作业结束为止。

拨道过程也是完全自动控制的，拨道误差用 Plasser & Theurer 专有的单弦系统测量，并由拨道传感器将正矢值反馈至自动控制系统，并且一旦拨道量达到目标值，拨道动作就会自动停止。

5.2.3 三线同步起道技术

三线同步起道技术是道岔捣固车特有的技术。由于道岔的特殊性，道岔捣固车除安装有用于正线的起拨道装置外，还设有用于岔线的辅助起道装置，以实现正线和岔线的同步起道，保持道岔的整体横向水平。

如图 5.11 所示，在道岔区域捣固，在正线起拨道装置起或拨道作业过程中，辅助起道装置的起道油缸由同一侧正线起道模拟控制系统的起道伺服阀统一控制，实现道岔曲股外道的同步起道。

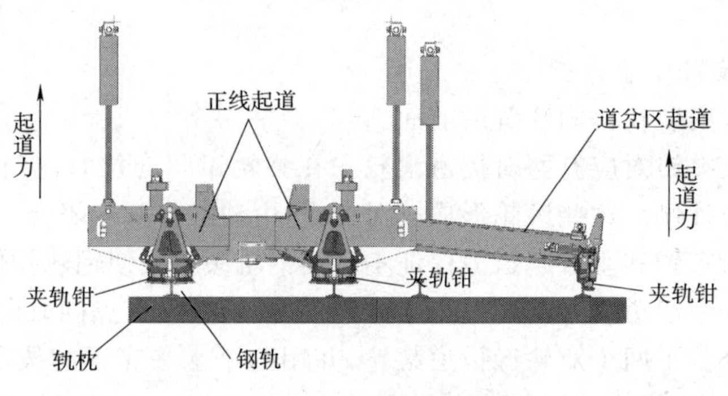

图 5.11 三线同步起道示意图

5.2.4 道床动力稳定技术

DWL-48 型三枕连续式捣固稳定车采用了道床动力稳定技术。稳定技术是模拟列车运行时对轨道产生的压力和振动等的综合作用，预先使轨道均匀下沉，提高道床密实度的技术。在稳定装置中，由液压马达驱动激振器产生水平振动，由液压油缸实施垂直加载，通过轨排传递给道砟，使其受迫振动，相互移动、充填和密实，如图 5.12 所示。调节液压马达的转速，可以改变稳定装置的振动频率。在作业过程中，一旦停止作业走行，稳定装置振动也自动停止。

道床动力稳定技术集成动力稳定装置和电气控制系统来实现，激振频率为 0～42 Hz，激振力为 0～235 kN。

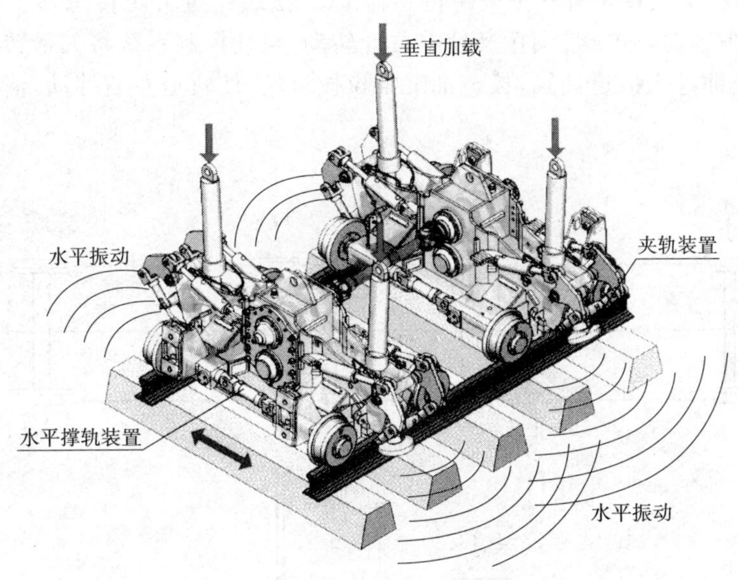

图 5.12　道床动力稳定装置基本结构与原理

5.3　铁道线路方向、水平检测方法及装置

捣固车作业检测采用了线路方向偏差检测、线路纵向高低偏差检测、线路横向水平偏差检测和激光检测等技术。

5.3.1　线路方向偏差检测与拨道方法

捣固车进行拨道作业时，使轨道在水平面内向左或是向右进行拨动，拨道量的大小及方向，是由安装在捣固车上的线路方向偏差检测装置测出的，经电液伺服控制的拨道机构自动地进行拨道作业，在直线和圆曲线地段不需要人工参与。

其目的是消除线路方向偏差，使曲线圆顺、直线直。

1. 线路方向偏差自动检测拨道原理

线路方向偏差检测装置，是根据单弦检测拨道理论设计的，图 5.13 是线路方向偏差自动检测拨道系统工作原理示意图。

在线路方向偏差检测装置的 A、D 检测小车之间，张紧一根钢丝绳 S 作为检测基准，拨道作业时，由 A 点检测小车上的气缸把钢丝弦线拉紧，弦线 A 端固定不能左右移动，弦线 D 端通过跟踪机构可以左右移动，(国产捣固车改为弦线 D 点也固定)，

在 B、C 检测小车上各装有一个矢距传感器 Pot，弦线穿过矢距传感器上的拨叉。当线路方向有偏差时，弦线带动拨叉使电位计转动，自动控制系统将矢量转换为液压信号，控制液压油进入拨道油缸，拨道油缸推拉拨道轮，使轨道左右移动，消除线路方向偏差。

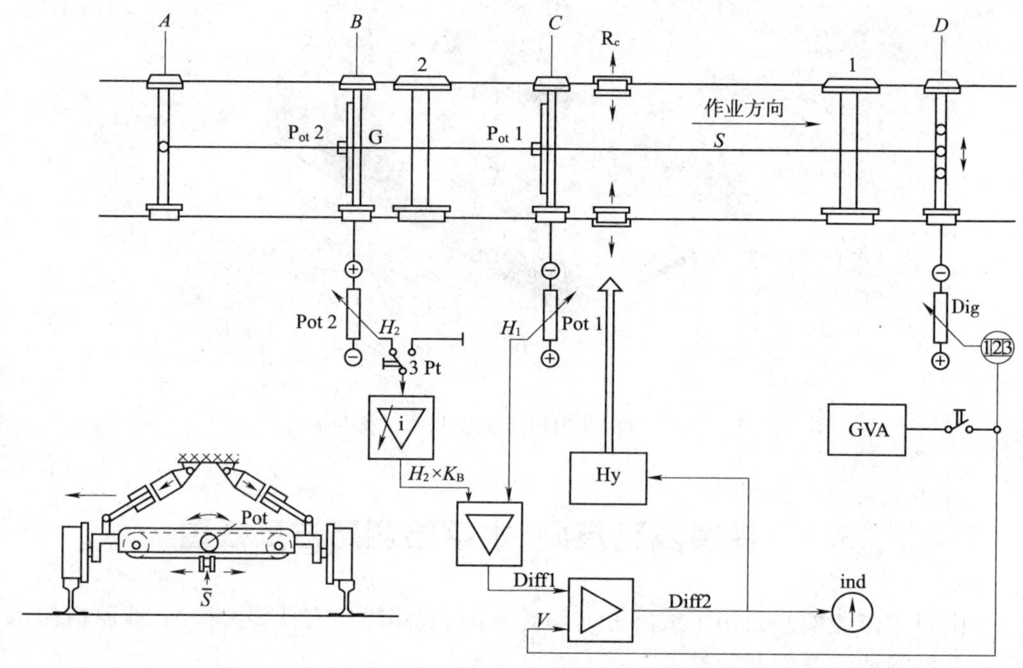

图 5.13　线路方向偏差自动检测拨道原理

1—前转向架Ⅰ轴；2—后转向架Ⅳ轴；A—后检测小车；B—B 点检测小车；C—C 点检测小车；D—D 点检测小车；Pot—矢距传感器；G—弦线固定器；S—弦线；R_c—拨道轮；Dig—跟踪机构的电位计；3Pt—三点式检测开关；Hy—伺服阀；GVA—计算机；ind—拨道表

在长大直线上进行拨道作业时，由于检测弦线长度有限，所以整正后的直线方向不理想，仍有大慢弯存在。为了提高直线的矫直精度，只能加长检测弦线长度，才能达到。

图 5.14 所示为激光矫直原理图，激光矫直就是利用激光束的直射特性，通过 D 点小车上的跟踪机构，使弦线的 D 端始终与激光束保持在一条直线上。好似把检测 D 点向前延长到 P 点，弦线延长了 300～600 m，大大地延长了弦线长度，提高了直线段的方向偏差检测精度，改善了拨道质量。

图 5.15 所示为激光发射器结构组成；图 5.16 所示为图激光接收器结构组成。

激光发射器、接收器小车结构图，如图 5.17、图 5.18、图 5.19、图 5.20 所示。

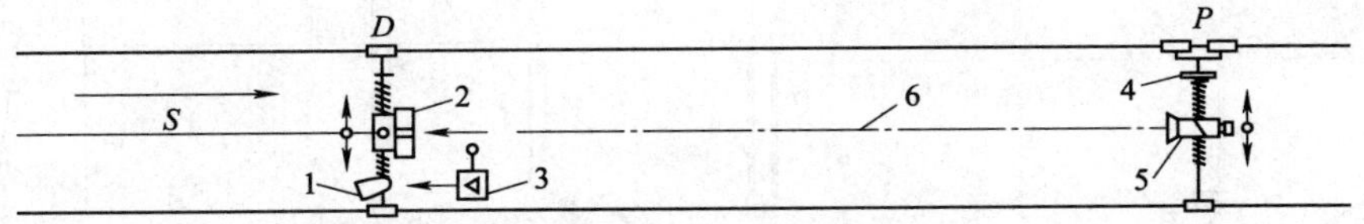

图 5.14 激光矫直原理图

1—伺服电机；2—激光接收器；3—伺服电机控制器；4—激光发射器调整手轮；5—激光发射器；6—激光束

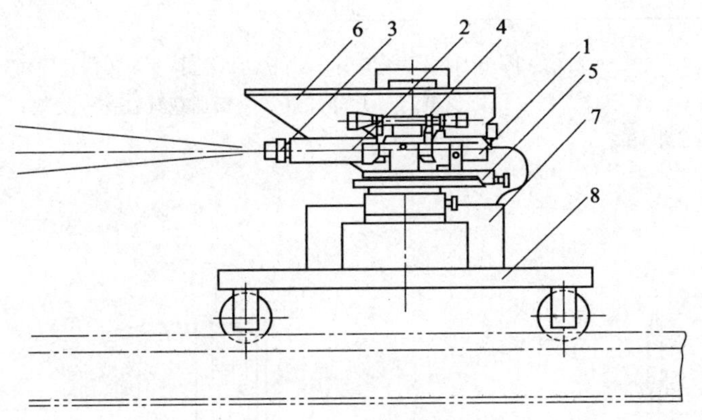

图 5.15 激光发射器

1—激光电源；2—He-Ne 激光管；3—光学系统；4—瞄准镜；5—发射调整架；6—外罩；7—电池箱；8—激光发射小车

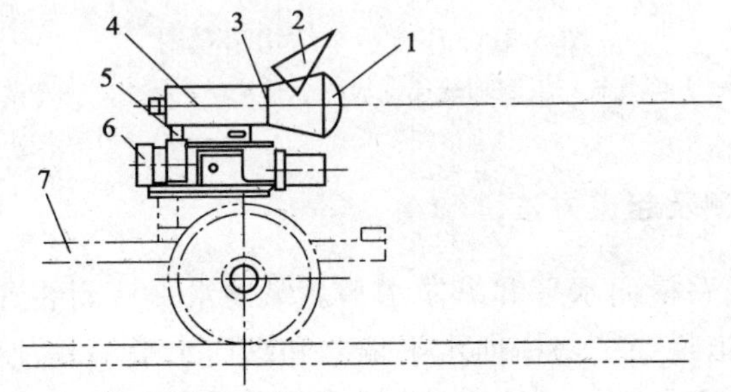

图 5.16 图激光接收器

1—住面镜筒；2—镜头罩；3—光电池；4—电路盒；5—减振器；6—跟踪机构；7—D 点检测小车

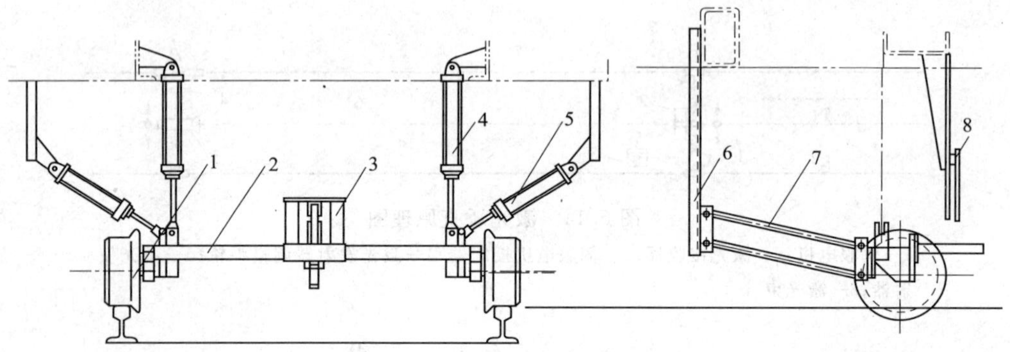

图 5.17 A 点小车结构示意图

1—小车轮；2—车架；3—张紧气缸支架；4—升降气缸；5—预加载气缸；6—支架；7—推杆；8—悬挂小车组件

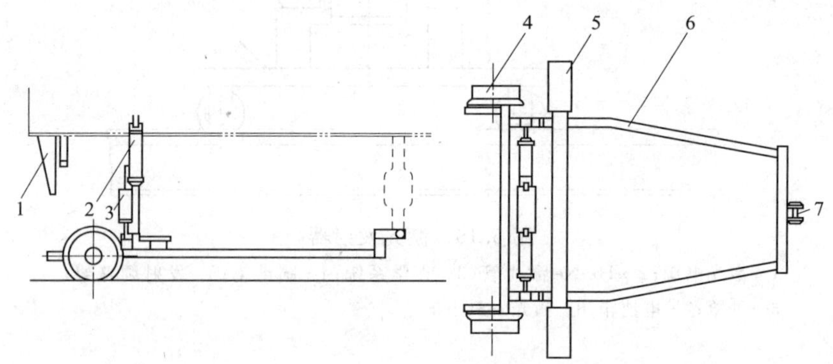

图 5.18 B 点小车结构示意图

1—悬挂小车组件；2—升降气缸；3—预加载气缸；4—小车轮；5—托板；6—车架；7—销轴

5.3.2 线路水平检测及起道方法

线路水平包括线路横向水平和纵向水平。纵向水平检测装置和横向水平检测装置同时进行测量，起道量要考虑横向水平偏差和纵向水平偏差，使起道作业后的线路轨道的，前、后、左、右都处在同一平面内，符合线路维修规则的要求。通常又把这一作业过程称为起道抄平作业。

1. 线路横向水平检测及起道原理

线路横向水平又称轨道左右水平。线路横向水平的检测原理简单。由安装在检

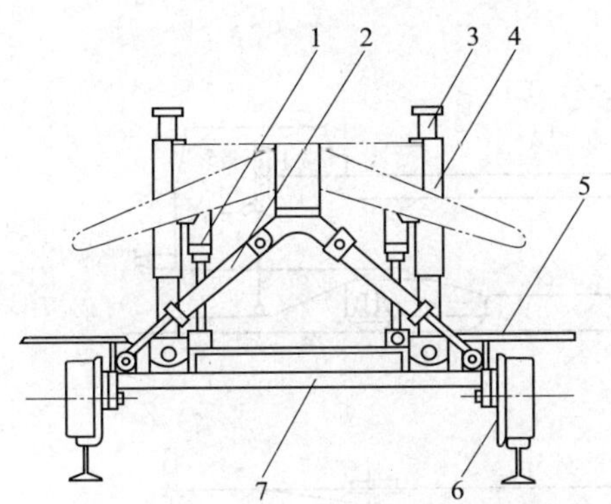

图 5.19 C点小车结构示意图

1—升降气缸；2—预加载气缸；3—导向杆；4—导向套；5—托板；6—小车轮；7—车架

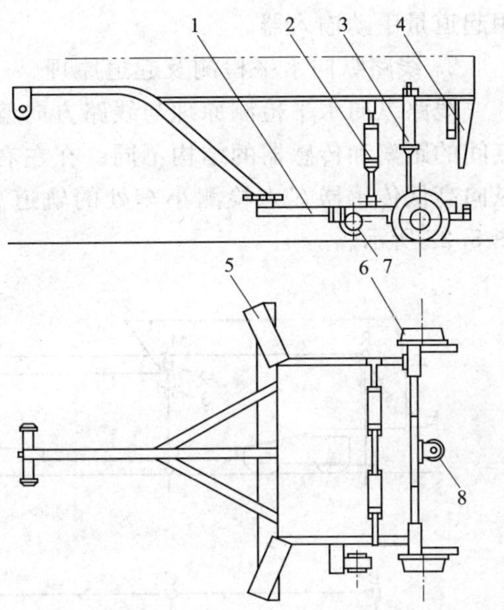

图 5.20 D点小车结构示意图

1—车架；2—预加载气缸；3—升降气缸；4—悬挂小车组件；5—托板；6—小车轮；7—里程测量轮；8—弦线滑轮

测小车上的水平传感器(俗称电子摆，如图 5.21 所示)，测量起道前的轨道横向水平偏差，其水平偏差信号输入起道控制电路，与设定的起道量进行比较，其差通过电液伺服阀控制起道油缸，提起轨道，直到基准股钢轨的提起高度达到设定值时起道动作停。

水平传感器在起道装置附近，它检测起道过程横向水平的变化，并由仪表指示，使司机可以随时了解起道状况。若发现横向水平仍有偏差，司机可以调节电位计来改善起道质量。

水平检测的基准钢轨，在直线地段任一股轨都可以，在曲线上必须要以有超高的一股钢轨为基准，另一股钢轨就以基准股为基准提起。

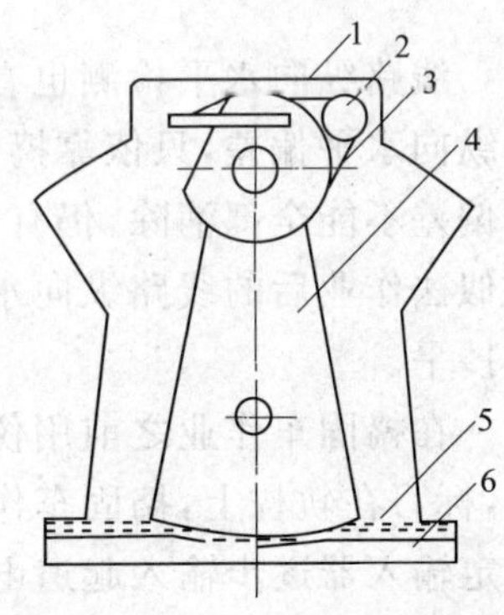

图 5.21 电子摆示意图

1—外壳；2—电位计；3—传动机构；4—摆锤；5—硅油；6—底座

圆曲线的外股钢轨要设置一定的超高，其超高值在

缓和曲线内顺完，顺坡度不应大于 2‰。超高值的输入由 GVA 微机自动输入，或者用起道量手动输入器。

2. 线路纵向水平检测及起道原理

线路纵向水平检测原理与线路方向偏差检测的 3 点式检测原理相同，只是各测点间的距离和传感器的结构不同。在左右两股钢轨上各有一套单弦水平检测装置，纵向高低传感器 C 点检测小车处的轨道高低偏差信号输入起道电路。其示意图如图 5.22 所示。

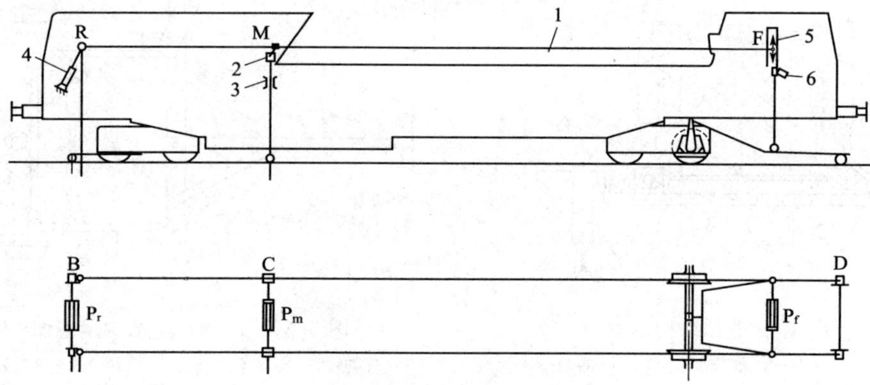

图 5.22 线路纵向高低抡测装置示意图

1—钢弦线；2—高低传感器；3—导套；4—张紧气缸；5—标尺；6—升降电机；F、M、R—前、中、后、检测杆；B、C、D—检测小车；P_r、P_m、P_f—电子摆

线路纵向水平检测也有近似法和精确法两种检测起道作业。如果预先不测出线路纵向水平偏差，只依靠捣固车的纵向水平检测装置进行起道抄平作业，线路纵向水平偏差不能全部消除，仍有 1/3 的偏差残留。这种起道抄平作业就称为近似法。用近似法作业后的线路纵向水平不理想，所以，在实际线路维修作业中都采用精确法起道抄平。

在捣固车作业之前用仪器测量线路的纵向水平，将每隔 5 m 的纵向偏差，即起道量，标写在轨枕上，捣固车作业时由前司机室的操纵人员，把标注的起道量用起道量设定输入器逐步输入起道电路，即可以完全消除纵向水平偏差。

在长直线路地段，还可以采用无线电或激光遥控检测纵向水平进行起道作业。一般情况下为了保证捣固作业质量，在无起道量的地段，也应设置 20～30 mm 的基本起道量。

在竖曲线上进行起道作业时，对起道量同样要进行修正，其修正值的计算方法与

线路方向检测的三点式无缓和曲线修正值的计算方法相同。起道量修正值的计算由GVA微机完成并，自动输入起道电路。也可以查表手动输入起道电路。

采用手动输入起道量修正值时，当前测杆F过竖曲线始点SS时，按照测杆F离开SS点的距离，查出对应的修正值输入起道电路。当后测杆尺进入竖曲线时修正值为最大，并且是常数。最大修正值取决于竖曲线半径，竖曲线半径超过50 000 m时，修正值可以略去不计，故不进行修正。

当前探测杆离开竖曲线终点SZ时，修正值逐步减小，后探测杆只到SZ点时修正值变为零。

竖曲线为凸形时，修正值为正值，竖曲线为凹形时，修正值为负值。

复习思考题

1. DWL-48型捣固车的主要技术性能是什么？
2. DWL-48型捣固车由哪几大部分组成？
3. DWL-48型捣固装置作业功能有哪些选择？
4. 激光检测技术的作用是什么？

6 动力稳定车

动力稳定车是先进的大型铁道线路机械。其作用是:线路修理后的铁道线路通过动力稳定车作业能够迅速地提高线路的横向阻力和道床的整体稳定性,从而为取消线路作业后列车慢行创造了条件。这对于日益繁忙的高速、重载和大运量的铁路干线运输来说,意义十分重大。

在20世纪80年代初,普拉赛—陶依尔(plasser & theurer)公司研制了DGS-62N型动力稳定车;1993年5月,我国铁道部门和生产厂家合作,成功试制国产化的第一台WD-320型轨道稳定车,并应用线路道床的稳定作业。如图6.1所示为WD-320型轨道稳定车外观图。

图6.1 WD-320型轨道稳定车外观图

6.1 动力稳定车概述

铁道线路经过枕底清筛和捣固作业后,道床仍不够密实,其线路的横向阻力及稳定性仍然较差。因此,行车安全得不到保证,故有关规范要求列车限速运行。限速运行就不可避免地损失了铁路运能,使本来就非常繁重的铁路运输,加重了负担。为了减少或取消因施工造成的慢行时间,使施工后的轨道尽快达到稳定状态,保证列车按

规定速度安全运行，要求进行动力稳定作业。

6.1.1 动力稳定车的组成与工作原理

动力稳定车是集机、电、液、气和微机控制于一体的自行式大型线路机械。WD-320 型动力稳定车结构如图 6.2 所示。它的主要结构由动力与走行传动系统、稳定装置、主动与从动转向架、车架与顶棚、前后司机室、空调与采暖设备、单弦与双弦测量系统、液压系统、电气系统、制动系统、气动系统和车钩缓冲装置等 12 部分组成。

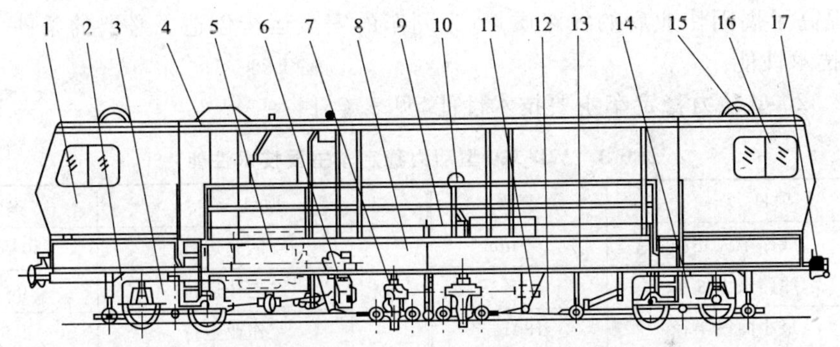

图 6.2 WD-320 轨道动力稳定车结构总图

1—后司机室；2—主动转向架；3—制动系统；4—顶棚；5—柴油发动机；6—动力传动系统；7—稳定装置；8—车架；9—双弦测量系统；10—电气系统；11—液压系统；12—单弦测量系统；13—气动系统；14—从动转向架；15—空调与采暖设备；16—前司机室；17—车钩缓冲装置

1. 工作原理

动力稳定车是模拟列车运行时对轨道线路产生的压力和振动等综合作用而工作的。

在作业前，首先将单、双弦测量系统中的各测量小车降落到钢轨上，并给各测量小车和中间测量小车的测量杆施加垂直载荷，将单弦测量系统中的三个测量小车同一侧的走行轮顶紧基准钢轨的内侧，张紧单弦和双弦。然后，再将稳定装置降落到钢轨上，使稳定装置与轨排成为一个整体，使动力稳定车处于作业状态。

在作业时，由一台液压电动机同时驱动两套稳定装置的两个激振器，使激振器和轨道产生强烈的同步水平振动。轨道在水平振动力的作用下，道砟重新排列和密实。与此同时，稳定装置的垂直油缸分别给予两侧钢轨施加向下的压力，使轨道均匀下沉，并达到预定的下沉量。

在作业过程中，动力稳定车是连续移动进行作业的。轨道的预定下沉量是自动实现的。在中间测量小车两侧的测量杆上，各有一个高度传感器。高度传感器分别

与双弦测量系统中的每条钢弦连接，它们每时每刻地测量着每条钢弦到轨面的高度值。计算机把测得的高度值与轨道的预定下沉量的差值，转换为相对应的电信号，控制液压系统中的比例减压阀，使稳定装置的垂直油缸对每条钢轨产生不同的下压力。最终使轨道达到预定的下沉量。

由上述可知，动力稳定车的工作原理就是：激振器使轨排产生水平振动的同时，再由稳定装置的垂直油缸对每条钢轨自动地施加必要的下压力，轨道在水平振动力和垂直下压力的共同作用下，道砟重新排列达到密实，并使轨道有控制地均匀下沉。

动力稳定车一次作业后，线路的横向阻力值便恢复到作业前的80%以上，从而有效地提高了捣固作业后的线路质量，为列车的安全运行创造了必要的条件。

2. 技术性能

WD-320 型动力稳定车主要技术性能，见表 6.1。

表 6.1 WD-320 型动力稳定车主要技术性能

项目		参数	项目		参数
作业条件	线路最大超高	150 mm	速度	区间运行	80 km/h
	线路最大坡度	33‰		连挂运行	≤100 km/h
	最小曲线半径	180 m		作业走行	0～2.5 km/h
稳定装置总激振力		0～320 kN	稳定装置垂直静压力		0～(2×120) kN
通过最小曲线半径		100 m	通过最小曲线半径		100 m

6.1.2 走行传动系统

动力稳定车采用德国道依茨公司生产的 BFl2L513C 型风冷增压柴油机作为动力装置。柴油机与动轮之间的传动部件总称为走行传动系统。动力稳定车走行传动系统，是将柴油机的输出功率通过液压传动装置、动力换挡变速箱、分动箱、车轴齿轮箱和传动轴等传动部件传递给动轮，满足动力稳定车运行和作业走行的需要。

1. 区间高速运行传动

动力稳定车的运行传动系统由液力变矩器、动力换挡变速箱、分动箱、车轴齿轮箱和传动轴等传动部件组成。在运行时为液力传动，两轴驱动，最大牵引力为 73.3 kN。区间高速运行传动系统，如图 6.3 所示。

动力稳定车在Ⅰ、Ⅱ、Ⅲ挡的运行速度分别为 25 km/h、50 km/h、80 km/h，最高运行速度不允许超过 80 km/h。在连挂被牵引时，动力换挡变速箱的输出轴必须由离合器脱开。最高连挂速度为 100 km/h。动力稳定车换向运行必须在停车后操纵。

动力稳定车在运行传动时，动力换挡变速箱上的液压泵，走行液压电动机和走行

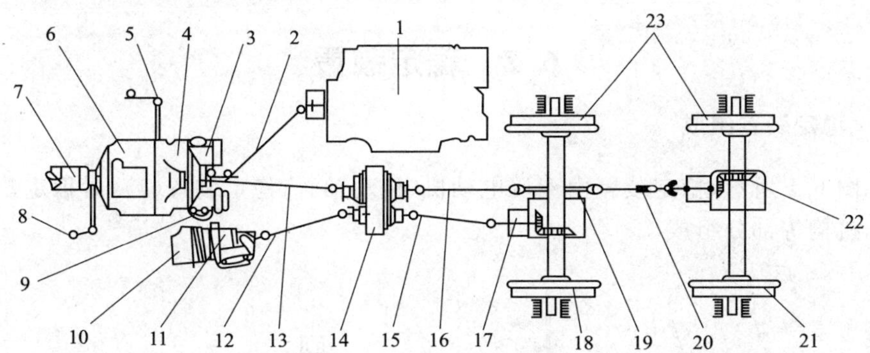

图 6.3　高速走行传动系统与作业走行主驱动系统示意图

1—柴油发动机；2、12、13、15、16、20—传动轴；3—振动驱动液压泵；4—液力变矩器；5—输出轴离合器；6—动力换挡变速箱；7—作业系统双联泵；8—液压泵离合器；9—走行系统液压泵；10—走行液压马达；11—液压马达离合器；14—分动齿轮箱；17、22—车轴齿轮箱；18、21—主动转向架轮对；19—过桥传动轴(中间支撑)；23—主动转向架

液压电动机，已经由各自的离合器脱开，处于非工作状态。

2. 作业走行传动装置

动力稳定车作业走行传动系统由液压泵、液压马达、液压马达离合器、分动箱、车轴齿轮箱和传动轴等传动部件组成。作业走行为液压传动，两台转向架的四轴全部驱动。主动转向架两轴由液压马达(10)经传动轴驱动，另一转向架两轴，分别由各自车轴齿轮箱上电动机驱动，如图 6.3 所示。作业走行速度在 0～2.5 km/h 范围内无级变速。在动力稳定车作业走行之前，首先合上各液压泵的离合器，再启动柴油机，并使走行液压电动机的离合器接合后，就可以进行作业走行。作业走行辅助驱动示意图如图 6.4 所示。

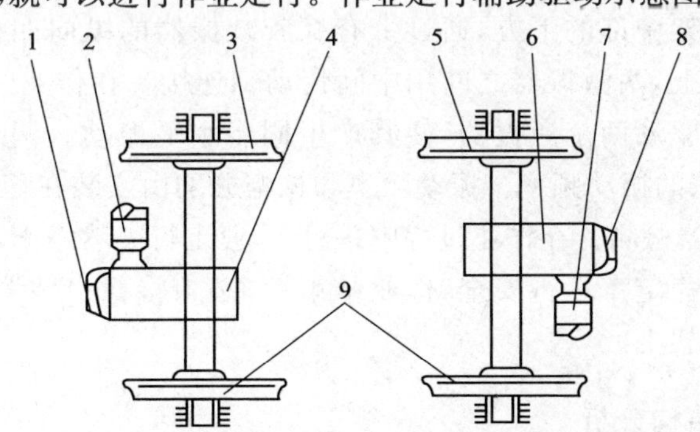

图 6.4　作业走行辅助驱动示意图

1、8—液压马达离合器；2、7—走行液压马达；3、5—从动转向架轮对；4、6—车轴齿轮箱；9—从动转向架

6.2 稳定装置

6.2.1 稳定装置组成

如图 6.5 所示,稳定装置由液压电动机、传动轴、前稳定装置(4)、后稳定装置(6)和四杆机构等部分组成。

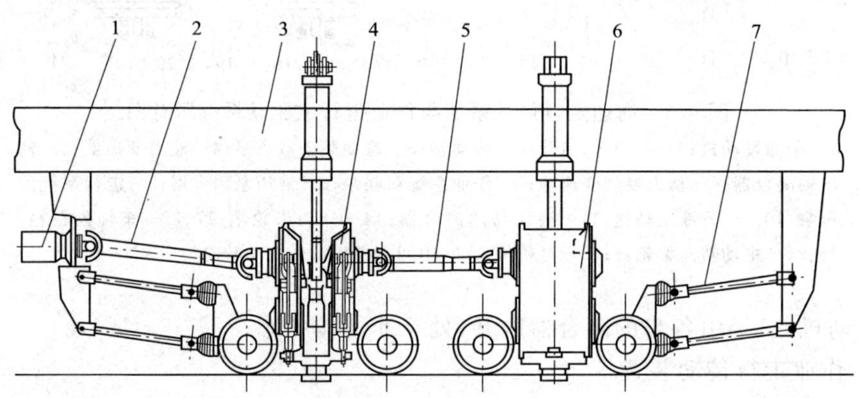

图 6.5 轨道动力稳定车工作装置组成

1—液压电动机;2—传动轴;3—车架;4—前稳定装置;5—中间传动轴;6—后稳定装置;7—四杆机构

稳定装置(4)和(6)组成如图 6.6 所示,各由两只垂直油缸(2)、一个激振器(3)、两个夹钳轮(5)、4 只夹钳油缸(4)、两只水平油缸(6)和四个走行轮(7)等部分组成。两稳定装置位于车架中部的下方,通过带有橡胶减振器的纵向四杆机构和垂直油缸柔性地连接在车架上,两激振器之间用中间传动轴连接。在作业时,由一台液压电动机通过传动轴同时驱动两个激振器,使其产生同步水平振动。调节液压电动机的转速,可以改变激振器的振动频率。振动频率和振幅分别由安装在稳定装置上的频率传感器和加速度传感器检测。在作业过程中,一旦作业走行突然停止,振动也自动停止。

为了保证动力稳定车运行安全,作业结束后,必须将稳定装置提起,并用锁定机构牢固地锁定在车架上。

6.2.2 主要元件结构分析

1. 激振器

激振器是将液压电动机的转矩转换为激振力的能量转换装置,是稳定装置的关

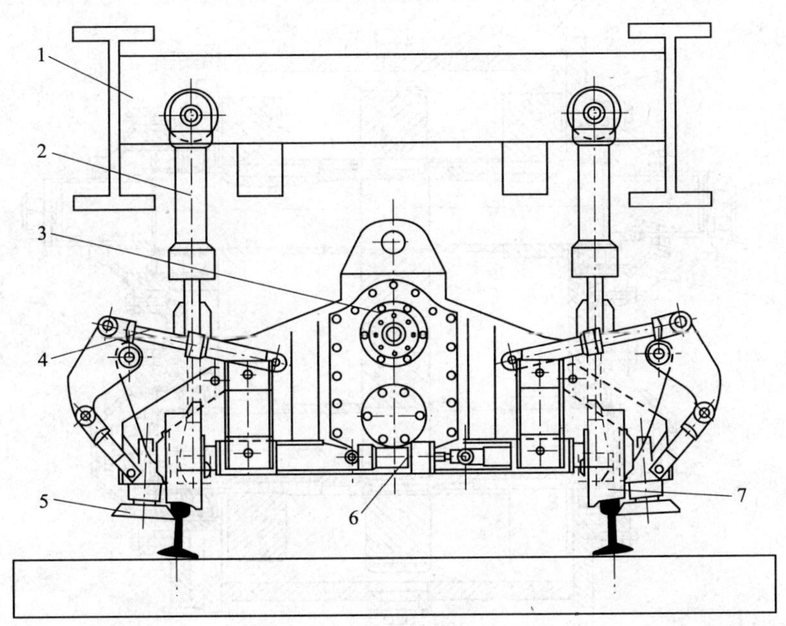

图 6.6 稳定装置的结构组成

1—车架悬挂梁；2—垂直油缸；3—激振器；4—夹钳油缸；5—夹钳轮；6—水平油缸；7—走行轮

键部件。它由传动轴(7)和(9)、齿轮(2)、轴承(8)、偏心块(4)、箱体(3)等零部件组成，如图 6.7 所示。

激振器为全封闭、两轴平行的结构。主、从动轴通过轴承座内的轴承支承在箱体上，在每根轴的两端靠近轴承座的地方，安装着两个偏心块，两轴上的偏心块对称安装。在每根轴的中间位置，安装着一个直齿圆柱齿轮。激振器工作时，液压电动机带动主动轴旋转，由啮合齿轮驱动从动轴同时旋转，并产生水平振动。图 6.8 为工作装置中的激振器振动原理示意图。

2. 走行轮

走行轮由车轮(7)、车轴(9)、轴承(8)、端盖(10)、调节螺母(4)和调整垫片(6)等零部件组成，其结构如图 6.9 所示。

在走行轮内相向安装两个圆锥滚子轴承，主要用于承受径向和轴向负荷，轴承的游隙通过调节螺母和调整垫片来调节。走行轮的车轴在激振器枕梁的安装轴套中有一定的伸缩量，作业时，以便利用水平油缸消除走行轮与轨道之间的间隙。

走行轮的作用是：一方面在轨道上走行，另一方面把激振器的激振力和垂直油缸

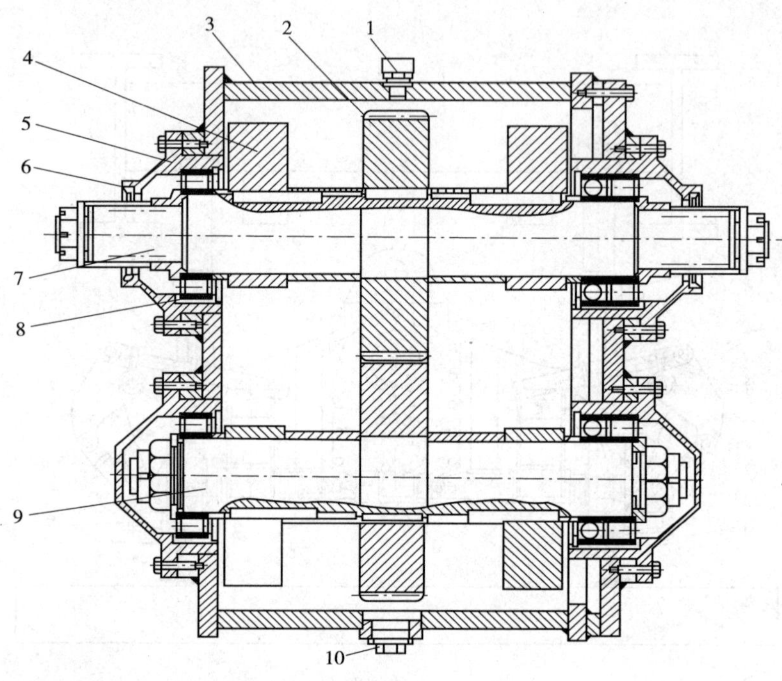

图 6.7　激振器结构

1—注油螺塞；2—齿轮；3—箱体；4—偏心块；5—轴承座；6—密封件；7—主动轴；8—轴承；9—从动轴；10—放油螺塞

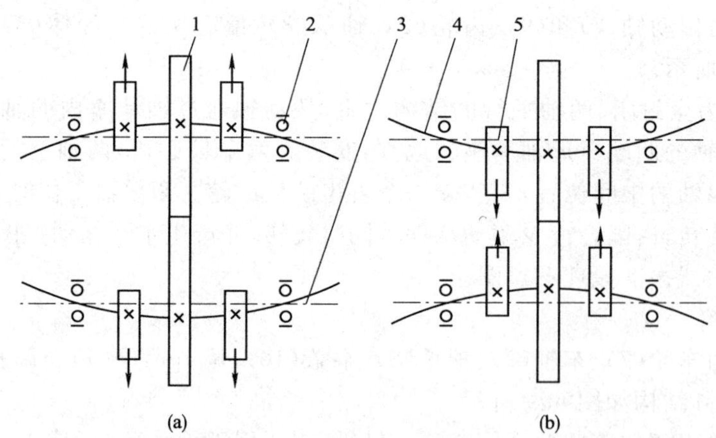

图 6.8　激振器振动原理图

(a)偏心块处于远离位置；(b)偏心块处于靠近位置

1—齿轮；2—轴承；3—从动轴；4—主动轴；5—偏心块

的下压力传递给轨道。

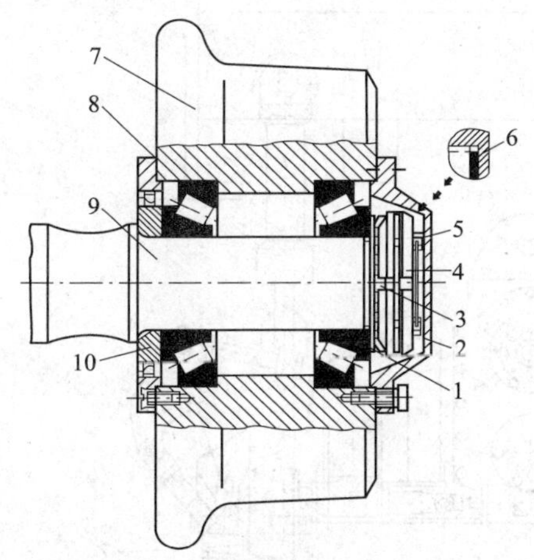

图 6.9 走行轮结构

1—挡圈；2—端盖；3—垫圈；4—调节螺母；5—螺栓；6—调整垫片；7—车轮；8—轴承；9—车轴；10—端盖

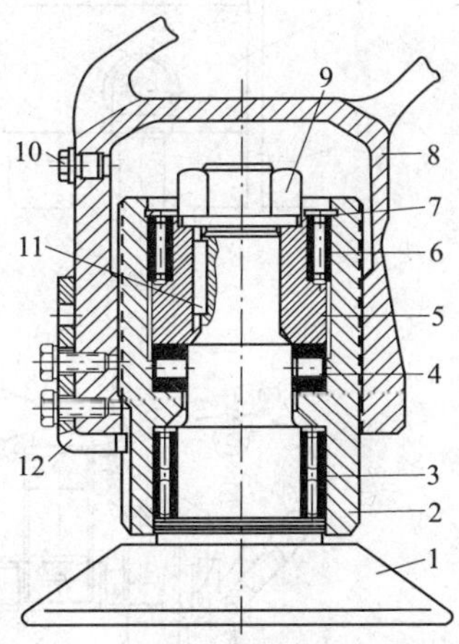

图 6.10 夹钳轮结构

1—滚轮；2—套筒；3、4、6—轴承；5—支承轴；7—挡圈；8—轮体；9—螺母；10—螺塞；11—键；12—防护板

3. 夹钳轮

如图 6.10 所示，夹钳轮由滚轮(1)、套筒(2)、轴承(3、4、6)、支承套(5)、轮体(8)、键(11)和防护板(12)等零部件组成。在滚轮轴和支承套与套筒之间各安装一个滚针轴承(3、6)，主要用于承受径向负荷，滚轮在套筒内可以自由转动。在支承套与套筒之间，安装着一个推力滚子轴承(4)，主要用于承受较大的轴向负荷并限制滚轮的单向轴向移动。防护板的作用是防止套筒在轮体内转动。拆卸防护板的固定螺栓后，转动套筒可以调整滚轮的伸出量，以适应不同轨型的作业需要。

夹钳轮的作用是：在作业时与走行轮一起夹紧钢轨，使稳定装置与轨排形成一体。

6.2.3 稳定装置作业原理

稳定装置的作业原理是模拟列车对轨道的动力作用原理而设计的，如图 6.11 所示为稳定装置工作作业原理图。

在稳定装置工作之前，应使两稳定装置与轨排成为一体。将其带轮缘的走行轮，用水平油缸紧靠在两条钢轨的内侧，用夹钳油缸把夹钳轮夹紧在钢轨的外侧，使稳定装置处于工作状态。

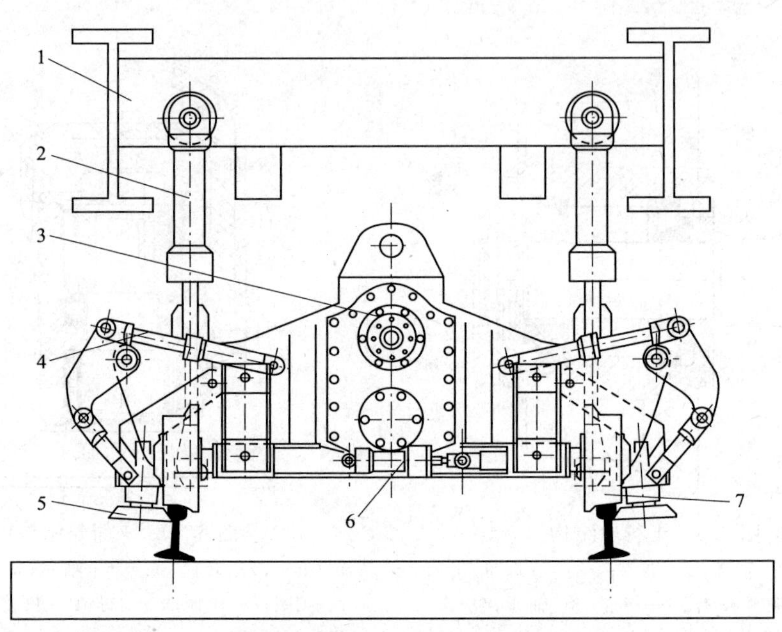

图 6.11　稳定装置工作原理示意图

1—车架主梁；2—悬挂梁；3—垂直油缸；4—夹钳油缸；5—激振器；6—夹钳轮；7—道砟；8—轨枕；9—钢轨；10—走行轮；11—水平油缸

工作时，稳定装置在动力稳定车的牵引下低速走行。液压电动机驱动两激振器高速同步旋转，产生水平振动。在水平振动力的作用下，轨排也产生水平振动，并把振动力直接传递给道砟。道砟在此力的作用下受迫振动，相互移动、充填和密实。与此同时，位于每条钢轨同侧的两只垂直油缸，自动地对每条钢轨施加所需要的垂直下压力，使轨道均匀下沉。

稳定装置的工作原理就是，在水平振动力和垂直下压力的联合作用下，轨道均匀下沉，达到预定的下沉量，从而提高线路的横向阻力值和稳定性，保证行车安全。

经试验表明，因稳定装置作业所加给钢轨扣件的负荷，仅比正常行车载荷提高3％左右，可认为稳定装置的作业对钢轨和扣件等没有损害。

测量系统是指单弦、双弦、电子摆等三套相互独立的测量系统的总称。这三套测量系统又分别称为单弦测量系统、双弦测量系统和电子摆。作业时，它们分别测量线路的方向、高低和水平。线路方向和横向水平的检测系统是测量作业后曲线曲率和横向水平的变化，作为对线路进行修理作业后的最终参数。

从理论上讲，线路的几何形状并不会因动力稳定车的作业而改变，只是使轨道均

匀下沉，道砟排列密实，增加线路的稳定性。线路高低的检测系统又称双弦测量系统。它是检测在线路延长方向上每股钢轨的高度偏差的，由两套独立的测量系统构成，分别位于动力稳定车的两侧。

由于在捣固作业中给予了线路一定的起道量，道砟仍处于不稳定状态，还不密实，动力稳定车是在捣固作业后对线路进行稳定作业的。动力稳定车的作用是：除使道砟密实外，还要使轨道产生一定的下沉量。下沉量是根据线路的实际情况预先给定的。轨道均匀的下沉量是由稳定装置的振动和两侧的垂直油缸施加一定的下压力产生的，下沉量的大小由下压力的大小来决定。即线路高低检测系统检测出的偏差信号通过电液比例阀控制垂直油缸施加的下压力，直到偏差消失。

其检测原理和系统装置与捣固车的检测系统基本相同，不再重复介绍。

复习思考题

1. 动力稳定车的作用是什么？
2. 分析动力稳定车的工作原理。
3. 简述动力稳定车走行传动系统组成和动力传动路线。
4. 简述作业走行传动装置组成及传动方式。

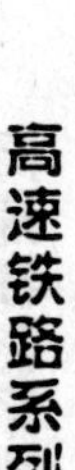

7 钢轨打磨列车

钢轨在使用过程中,由于许多原因会产生波浪磨耗、毛刺等,破坏了原有轨头形状,特别是在曲线段、接头和道岔处,这些都会影响行车速度和旅客的乘坐舒适度。所以钢轨经常需要打磨作业。

随着现代铁路的发展,提高钢轨维护作业的效率和质量变得越来越重要。因此,许多国家和公司不断开发和研制了钢轨的打磨设备,并制造了各种类型的钢轨打磨车,主要有以下几种类型:

(1)美国 RotraLR 系列钢轨打磨机。砂轮的偏转角度为 0°、20°和 40°,打磨电动机长 10 m,由电动机驱动,打磨速度约为 1.6 km/h,非工作运行速度能达到 29 km/h,每打磨一遍,深度可达 0.02～0.1 mm。

(2)美国 RG301 型钢轨打磨列车。砂轮的偏转角度可达 45°,装备了 30.9 kW 和 22.1 kW 两种打磨电动机,配有 84 个砂轮。打磨的灵活性和精度都较高。

(3)美国 PGM-48/3 型钢轨打磨列车。打磨作业时,打磨电动机直接驱动打磨砂轮。根据不同的打磨范围,可调节打磨电动机在钢轨表面的偏转角度及横向位移,打磨作业时,打磨小车自行导向,按一定的速度向前行进。非工作运行时,小车悬挂在车辆底架下,并机械锁定。

(4)为 BART 和 BCTransit 特制的钢轨打磨车。美国海湾地区快速轨道交通系统(BART)所采用的由 Jackson 公司制造的钢轨打磨列车,有 20 个砂轮,打磨电动机的总功率为 441 kW,主要用于 16761TIITI 宽的轨距。加拿大不列颠哥伦比亚城市公共交通局(BCTransit)所采用的由 Jackson 公司制造的钢轨打磨车,有 8 个砂轮,打磨电动机的总功率为 294 kW,主要满足大坡度和小半径等特殊线路条件下的需要。

(5)我国在 1989 年引进了 Speno 公司的 URR-48/4 型钢轨打磨列车,之后又引进了 PGM-48 型钢轨打磨车和 RGH-20C 型道岔打磨车等。图 7.1 为打磨列车现场作业外观图。

2007 年 7 月中国北京通过技贸结合的方式,与瑞士斯彼诺公司(SPENO)合作生产了 GMC96 型钢轨打磨列车。这种先进的 GMC96 型钢轨打磨列车,可在运行中对线路上的钢轨进行磨削,以消除因重载、高速运输对钢轨造成的损伤,延长钢轨使用寿命,保证高速列车平稳安全运行。

图 7.1 打磨列车现场作业外观图

除了采用砂轮对钢轨进行整形以外，还有钢轨铣磨列车，作为一种新型的钢轨整形技术和设备，运用在更高要求的高速铁道线路钢轨维护作业中。本章主要介绍PGM-48 型打磨列车。

7.1 GMC-96 型钢轨打磨列车

7.1.1 GMC-96 打磨列车结构与性能

GMC-96 型打磨列车目前应用机型为 $GMC\text{-}96_B$ 和 $GMC\text{-}96_X$ 型两种。“G”表示钢轨，“MC”表示打磨列车，“96”表示打磨砂轮数量，“B”和“x”表示生产厂家，北京二七轨道交通装备有限责任公司为“B”，襄樊金鹰轨道车辆有限责任公司为“x”。

1. $GMC\text{-}96_B$ 型钢轨打磨列车组成

如图 7.2 所示为 $GMC\text{-}96_B$ 型钢轨打磨列车，由七节车组成，两端为控制车(B1、B2 车)，中间设有四节作业车(C1、C2、C3、C4 车)和一节动力车(A 车)。每节控制车和作业车安装 2 个打磨小车 ，每个打磨小车上安装 8 个打磨头，整车共有 96 个打磨头，对应每股钢轨有 48 个打磨头。打磨速度为 3～15 km/h，打磨头角度调整精度±0.5°。

2. $GMC\text{-}96_X$ 型钢轨打磨列车组成

如图 7.3 所示为 $GMC\text{-}96_X$ 型钢轨打磨列车，由五节车组成，两端为控制车(1、5 号车)，中间设有两节作业车(2、4 号车)和一节动力车(3 号车)。每节控制车和作业车安装 3 个打磨小车，每个打磨小车上安装 8 个打磨头，整车共有 96 个打磨头，对应每股钢轨有 48 个打磨头。打磨速度为 3～24 km/h，打磨头角度调整精度±0.5°、纵

向轨面打磨精度：300 mm 范围最大幅值≤0.02 mm；1 000 mm 范围最大幅值 ≤0.1 mm；双向打磨。

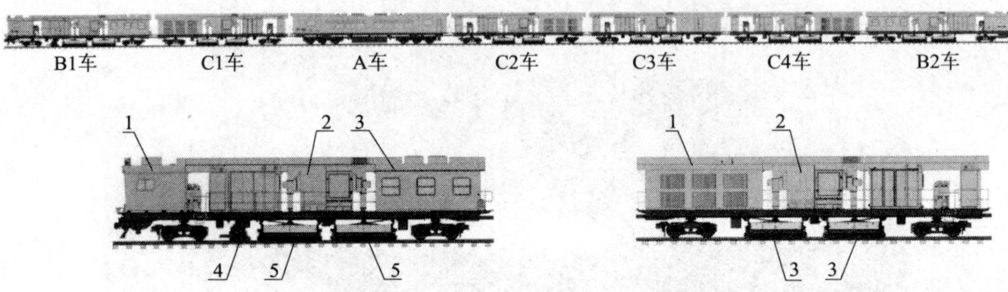

1-司机室; 2-集尘装置;3-工作间; 4-检测装置;4-打磨小车;
B1、B2车

1-作业发电机组; 2-集尘装置; 3-打磨小车;
C1、C2、C3、C4车

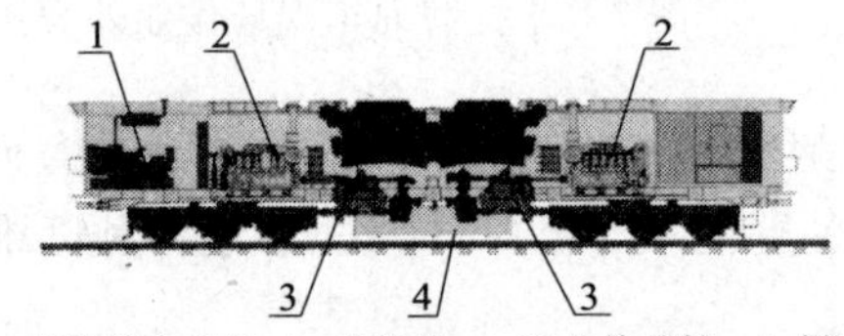

1-辅助发电机组; 2-柴油机; 3-液力传动箱; 4-燃油箱;
A车

图 7.2　GMC-96$_B$ 型钢轨打磨列车

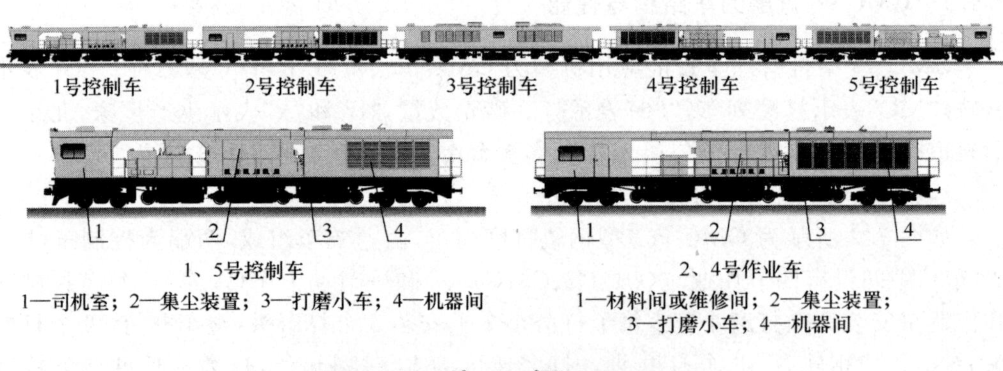

1、5号控制车
1—司机室；2—集尘装置；3—打磨小车；4—机器间

2、4号作业车
1—材料间或维修间；2—集尘装置；
3—打磨小车；4—机器间

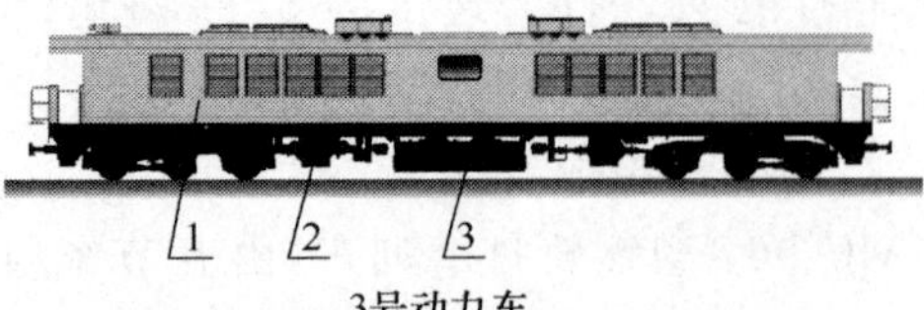

3号动力车
1—机器室；2—液力传动箱；3—燃油箱

图 7.3　GMC-96$_X$ 型钢轨打磨列车

3. 性能

当有如下意外发生时，发动机有自动停机保护功能；如：发动机冷却液温度过高；油压过低；水位过低；液压油位过低；超速。

7.1.2 主要关键技术

打磨列车的工作机构主要采用了打磨技术。打磨技术是利用砂轮对钢轨表面进行磨削的技术；对新钢轨进行预防性打磨，去除表面锈蚀和氧化皮等；对在役钢轨进行修复性打磨，消除波浪形磨耗和表面微裂纹等，同时恢复钢轨、道岔的轨面廓形。此外，无论新轨、在役轨，均可通过调整打磨模式使轨面廓形达到设计要求。

1. 工作机构及打磨技术分析

打磨列车采用多个打磨头对钢轨表面进行打磨作业，打磨头由电机（或液压马达）和砂轮组成。通过液压随动机构调整打磨头相对于钢轨的偏转角度，其中：道岔打磨车打磨液压马达的偏转角度从钢轨轨顶内侧 75°到外侧 45°；钢轨打磨列车打磨电机的偏转角度从钢轨轨顶内侧 70°到外侧 15°～20°。打磨电机一般采用 60 Hz 或 120 Hz 频率，可以缩小电机体积。

为了保证打磨后轨廓的准确性，每个打磨头倾斜的角度必须进行精确的计算和控制，通过微机网络打磨控制系统，把打磨头精确定位在需打磨的角度上，使整个打磨面包络成一个圆滑的、符合设计的钢轨廓面。

装在同侧相邻的两个打磨头可以进行高度位置的同步锁定，在进行波浪打磨时，当一个打磨头磨削波峰时，另一个打磨头不会掉入波谷内，通过只磨削波峰，使钢轨顶面重新形成以波谷底面为基准的直线，最终可消除全波波浪。

如图 7.4 所示为 GMC-96_X 型钢轨打磨列车打磨小车基本结构。主要由打磨导向轮，下压油缸，摇架偏转油缸，砂轮，打磨电机等组成。

钢轨经过打磨后其表面质量的直接体现是表面粗糙度（磨削纹路疏密和深浅）和颜色变化（打磨热影响）。由于打磨头定速旋转（钢轨打磨列车 3 600 r/min、道岔打磨车 3 600 r/min 或 5 800 r/min），因此钢轨表面粗糙度的大小与列车行进速度和砂轮的粒度直接相关，表面粗糙度控制量一般小于 Ra 10 μm。而钢轨表面的颜色变化，与磨削热量的聚集有关，也与打磨砂轮的磨粒锐性、切削能力、砂轮的自锐性有关。在最佳的打磨速度下，采用性能优良的打磨砂轮，可以保证将打磨热量聚集控制在合理的范围内，而不会造成钢轨表面发蓝。

多个打磨头倾斜角度的合理分配和设定称之为“打磨模式”。打磨模式通过对长期打磨实践数据进行统计分析后才能够形成。打磨列车一般都可以预存 99 种打磨模式。

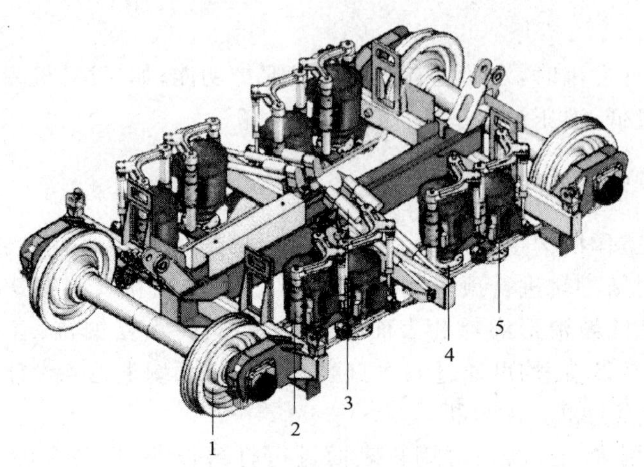

图 7.4　GMC-96x 型钢轨打磨列车打磨小车基本结构

1—打磨导向轮；2—下压油缸；3—摇架偏转油缸；4—砂轮；5—打磨电机

2. 电气控制技术

打磨列车主要采用分布式网络控制技术，通过总线技术将计算机、显示器、交换机和各种控制模块组成分布式网络，由计算机的 CPU 对整车的逻辑控制进行计算，输出信号实现各种控制。打磨列车使用模块化设计，把更多的电磁阀、线圈、开关、传感器等元器件连接到系统网络中，扩展了系统功能，简化了系统结构。主机通过网络将指令发送到功能模块，功能模块经运算处理后再将信号数据发送至所连接的元器件。同时，功能模块还将所连接元器件反馈的信号、地址、故障等数据信息通过网络传送到主机，主机通过内部程序处理，将信息最终显示在显示器上，实现自动执行、状态和故障显示等功能。

3. 动力传动技术

钢轨打磨列车采用液力机械传动技术驱动整车高速运行，采用静液压传动技术驱动整车作业时恒低速走行。作业恒低速走行技术可以保证打磨列车在设定的速度下作业，走行速度误差不超过±1 km/h，这样就可以使打磨列车在一个较为稳定的低速下走行，保证作业质量。

4. 故障诊断技术

通过故障报警及多路检测系统有选择地监测、检测关键部位的压力、温度、磨耗、锁定等参数或状态，及时提供声光报警，利于迅速排查故障。

打磨列车拥有基于计算机网络控制技术的故障诊断系统，通过对工作机构、检测系统、电气系统、液压系统及动力传动系统的运行状态进行动态检测和实时监控，在

显示器上显示相关的故障信息并实现对其故障信息的分级式处理。对于严重故障，可以自动停止作业，防止破坏线路、损害设备。

7.2 PGM-48 型钢轨打磨列车

7.2.1 打磨列车整体结构与功用

PGM-48 型打磨列车用于对钢轨进行打磨维修，去除钢轨波磨、剥离等表面并修复轨头廓形。该打磨列车集动力、牵引(驱动)、检测和打磨于一体，是钢轨打磨列车中比较先进的一种。如图 7.5 所示为 PGM-48 型钢轨打磨列车，如图 7.6 所示为 PGM-48 型钢轨打磨列车作业场景。

图 7.5 PGM-48 型钢轨打磨列车

1. PGM-48 型钢轨打磨列车的组成

PGM-48 型钢轨打磨列车，由两节动力车和一节生活车组成，采用内走道贯通方式相互连接。动力车分别位于列车两端，其内部除安装有动力和传动装置外，还安装有控制、检测监视等设备。生活车位于列车中部，配备有可供 8 人使用的基本生活设施。

它通过廓形和波磨测量系统获得钢轨的磨损状况，并将测量结果提供到计算机控制系统，经过运算与比较，计算机控制系统将设置在 1 号车、2 号车、3 号车上的打磨小车附属的 48 个打磨电动机完成偏转、横移和加压，对钢轨进行打磨作业。

3 号车是末端车，其构造和组成与 1 号车基本相同。

如图 7.7 所示为 1 号钢轨打磨列车部件组成图。

图 7.6 PGM-48 型钢轨打磨列车作业场景图

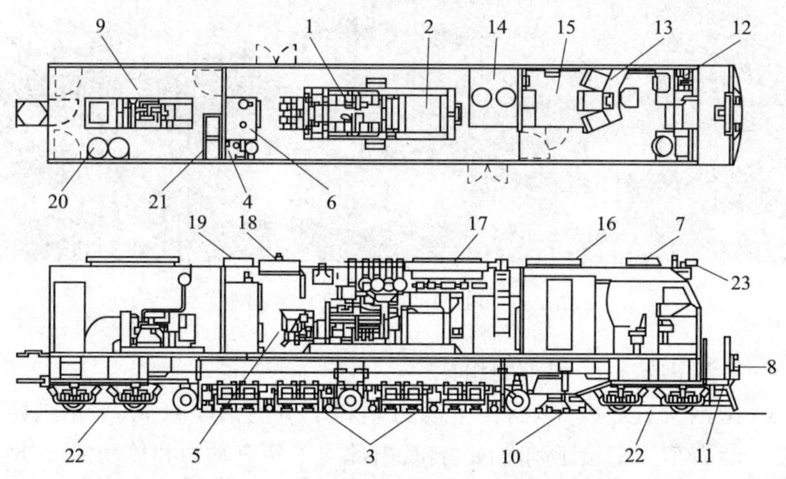

图 7.7 1 号钢轨打磨列车部件组成图

1—康明斯 KTA38 型柴油机；2—Rato1500 发电机；3—16 个打磨电动机；4—液压油箱和油泵及打磨系统；5—液压泵；6—液压油箱；7—空调；8—软管盘；9—辅助发电系统；10—波磨小车；11—轨廓测量系统；12—司机控制部分；13—打磨控制计算机系统；14—燃油箱；15—电气控制间；16—加压装置；17—发电机水冷却器；18—走行系统机油冷却器；19—打磨系统机油冷却器；20—机油桶；21—蓄电池(康明斯 KTA38 型柴油机)；22—走行转向架；23—汽笛及灯系

如图 7.8 所示为 2 号钢轨打磨列车部件组成图。

钢轨打磨列车：由转向架、车架、牵引装置、打磨装置、防火装置、检测系统、液压系统、电气系统、气动系统、动力传动系统及制动系统等基本构成。

(1)驱动装置

打磨车的驱动装置采用液压驱动系统，动力车的下部安装有2台动力转向架，整列共有4台动力转向架(即有8根动轴)，而生活车的下部有2台非动力转向架。

(2)打磨系统

该列车的打磨系统采用电驱动系统，共有48个打磨电动机，每8个打磨电动机安装在一个打磨小车上，而其中每侧的2个打磨电动机为一组安装在打磨小车辅助架上，这2个打磨电动机可以锁定共同工作，也可以独立工作。

(3)控制系统

该列车的控制系统是基于先进的多级计算机系统，它不仅控制所有打磨功能，而且监视和控制整个列车的所有工作功能。控制系统包括一台主控制计算机和三台打磨控制计算机，所有计算机系统全部采用图显界面控制。

(4)检测系统

列车的检测系统包括波磨检测和轨头廓形检测两个系统。波磨检测采用滚轮接触式电涡流传感检测系统，轨头廓形检测采用非接触式激光CCD固体成像检测系统。两个系统检测出来的数据均可通过专门的检测用计算机系统存储和显示。

PGM-48型打磨列车的总体布置是先进合理的，尤其是控制、检测和监视系统，与其他公司的同类产品相比是比较先进的。但是，由于走行部(转向架)采用了比较落后的心盘承载结构和一系弹簧悬挂系统，因此列车的运行平稳性较差。

(5)主动力

PGM-48型打磨列车的主动力是两台康明斯KTA-38型柴油机，分别安装在1号和3号车上。该列车动力系统的主动力分配不太合理，分配给走行系统的功率偏小，导致该车在33‰坡道上打磨时走行速度过低。

2. PGM-48型钢轨打磨列车的特点

(1)PGM-48型钢轨打磨列车可在大于100 m的曲线上进行打磨作业，打磨小车轮对的轴距为4.76 m，因此可在标准轨距的曲线条件下有足够的横向移动量，保证安全通过曲线。

(2)PGM-48型钢轨打磨列车配备着迄今为止与其他钢轨打磨列车相比最复杂又最易操作的计算机控制系统，它由一台图形界面主控计算机及由其控制的3台分开的计算机组成。

(3)障碍自动避让系统可单独升降每一个打磨电动机，以便避让预知的障碍，安装在轴上的光学编码器监视本车在线路上的位置，当操作人员输入不需要打磨的起

止位置，当打磨列车经过这些预知的位置时，砂轮将自动地、单独地升起和下降。

(4)PGM-48 型钢轨打磨列车可连续工作 6 h，但砂轮在 6 h 内发生消耗时，这个连续工作时间则不含更换砂轮的时间。

7.2.2 打磨列车性能参数

1. PGM-48 型钢轨打磨列车主要技术性能

PGM-48 型钢轨打磨列车主要技术性能如表 7.1 所示。

表 7.1 PGM-48 型钢轨打磨列车主要技术性能

项　目	性 能 参 数	项　目	性 能 参 数
外形尺寸	长 6 320 mm，宽 2 900 mm，高 4 630 mm	磨头数量	48 个
1 号车、3 号车心盘距	15 760 mm	砂轮直径	254 mm
2 号车心盘距	17 780 mm	打磨电机功率	22kW
转向架轴距	1 828 mm	作业走行制动方式	液压制动

续上表

项　目	性能参数	项　目	性能参数
车轮直径	840 mm	单车紧急制动距离	≤400 m(80 km/h)
车钩中心高	(880±10)mm	磨头与钢轨纵向夹角	20°
主发电机功率	680 kW	每遍平均打磨深度	0.2 mm
辅助发电机功率	80 kW	质量	256 000 kg
最高自行速度	80 km/h	柴油机功率	910 kW
最高连挂运行速度	100 km/h	行走作业速度	1.6～24 km/h

2. PGM-48 型钢轨打磨列车作业条件

PGM-48 型钢轨打磨列车作业条件如表 7.2 所示。

表 7.2　PGM-48 型钢轨打磨列车主要技术性能

项　目	作业条件	项　目	作业条件
钢轨	50 kg/m、60 kg/m、75 kg/m	线路最大坡度	30‰
轨距	1 435 mm	最小运行曲线半径	110 m
线路最大超高	150 mm	特殊环境	可在雨天、夜间和风沙、灰尘严重的情况下作业
适用环境温度	−10～+50 ℃		

3. PGM-48 型钢轨打磨列车的运行性能

PGM-48 型钢轨打磨列车带有两个装备齐全的驾驶室，它们分别位于列车的前端和后端，并可在任意一端进行驾驶，司机座位设计在左位。

PGM-48 型钢轨打磨列车最大自行速度为 80 km/h，该车可编挂进入其他列车运行，处于编挂状态时，速度可达 100 km/h，可通过最小半径为 110 m 的曲线。

PGM-48 型钢轨打磨列车具有足够的制动力，当它运行时，可对其施加所需要数值的制动力，当该车处于运行状态，速度 80 km/h，在平直干燥的线路条件下，其制动距离小于 400 m。当本车处于打磨状态，打磨小车置于钢轨上，它能以不大于 30 km/h 的速度通过 50、60、75 kg/m 标准钢轨的 8～20 号道岔，超过此条件应相应降低运行速度或提起打磨小车运行。

4. PGM-48 型钢轨打磨列车的工作性能

本车可在两个方向作业，工作速度为 1.6～16 km/h，考虑到安全原因，程序设计者将最低速度控制在 2 km/h，低于这个速度打磨电动机将自动提升。

PGM-48 型打磨列车可在隧道内作业，应保证有足够的通风条件。

7.2.3 动力与传动系统

1. 动力

PGM-48 型钢轨打磨车的动力，来源于两台 KTA-38 型康明斯发动机，1 号和 3 号车各有一台，每台发动机在 1 800 r/min 转速时可以产生 910 kW 的功率输出，发动机的后端飞轮柔性联轴器带动 680 kW 的发电机组，前端通过分动齿轮箱带动 4 个走行液压泵和辅助液压泵。2 号车另设康明斯 85 kW 生活发电机组，主要提供生活用电和打磨作业中部分 220 V 电源。

打磨车的动力分配主要包括：走行系统是通过液压系统来实现的；打磨电机和集尘装置的动力来源于两台发电机；打磨小车的动作是通过液压和电力共同协调来完成的。

2. 动力传动系统

为了实现打磨车各部分的正常运转，需要将发动机的能量转换成不同的形式以满足设备运转需要。

(1) 打磨车的主发动机动力

发动机的机械能转换为发电机的电能和液压泵输出的液压能，以满足走行和打磨机构等工作的正常需要。

①液压部分

每台发动机前端通过分动齿轮箱带动四台走行液压泵工作，同时带动四台辅助液压泵工作。四台走行液压泵分别通过液压管路与安装在车轴齿轮箱上的液压机相连接，实现能量的传递，液压机将液压能转换成机械能，通过车轴齿轮箱，带动车轴转动。四个辅助液压泵分别与液压油、发动机冷却液的散热风扇机相连接，为风扇机提供动力，以实现对液压油、发动机冷却液的冷却，同时作为液压泵的补偿泵，向走行系统补偿液压油，维持系统稳定。

②电力部分

每台发动机的后端通过联轴器与一台发电机相连，发电机主要提供 600 V 工作电压，以满足打磨电机、集尘设备工作电机、小车控制电动机的工作需要。小车控制电动机主要用于带动小车控制液压泵，以实现向小车控制液压元件提供能量。

③电液部分

电液部分的应用主要是：实现打磨电动机单元的角度偏转。打磨车的打磨电动机角度的偏转主要是通过偏转电动机和液压油缸共同完成的：偏转电动机控制角度偏转，内、外侧各 25°；液压油缸用以补偿大于 25°的角度，实现打磨电动机大角度的偏转。

打磨车的主发动机动力传动路线见图 7.9。

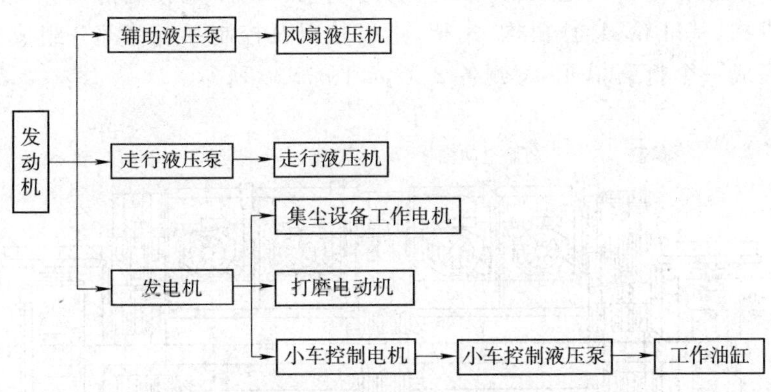

图 7.9　打磨车的主发动机动力传动路线

(2)辅助发电机动力

①辅助发电机组

它可以提供 220/380 V 电源主要用于整车生活用电,包括室内照明、空调、水箱加热等。同时提供车内插座电源,以方便使用。

②打磨作业控制系统电源

打磨作业控制系统采用弱电控制强电的方式,以保证控制安全。

7.3　打磨工作机构

打磨工作机构是打磨小车的主要工作机构。该机构的整体形式是打磨工作小车,故亦称打磨机构或打磨小车。打磨车上所有的机械设备与动力机构等配置,目的最终都是为了保证打磨小车能够状态良好地从事打磨作业。所以,打磨小车是打磨作业的执行机构,是钢轨打磨车的关键组成部件,在打磨车上具有重要的地位与作用。同时打磨车所要求的打磨动作、质量、效率和打磨工艺的先进性等最终都要由打磨小车来体现。

7.3.1　打磨小车

打磨小车是在一个承载装置上面装打磨电动机,PGM-48 型钢轨打磨车上每个打磨小车都装有 8 个打磨电动机,每 1 节打磨车装有 2 个打磨小车。打磨小车平时都处在高位悬挂,只有在施工作业时才被放下(工作位)。

1. 打磨小车的组成

打磨小车由 8 个打磨电动机、砂轮、打磨电动机角度偏转机构、调节油缸、打磨电动机下压机构、基准轮、悬挂机构、车架、走行轮以及控制系统等部分组成。每 2 个打磨电动机组成一个打磨单元，每侧各 2 个，如图 7.10 所示。

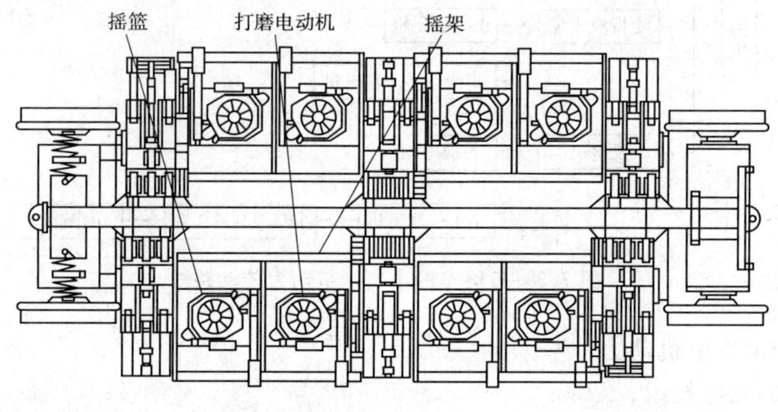

图 7.10　打磨小车

打磨作业时，打磨电动机直接驱动打磨砂轮。根据不同的打磨范围，可调节打磨电动机在钢轨顶面的偏转角度及横移位置，并由液压油缸对打磨电动机施压，实现对钢轨的打磨作业。

打磨作业时，打磨小车保持在低位(工作位)，由小车自行导向，按一定速度向前行进。当打磨速度低于 2 km/h 时，打磨电动机能自动提起，暂停磨削，以保证打磨质量。长距离运行或连挂时，小车悬挂在车辆底架下，并机械锁定。打磨小车遇到障碍物时，如平交道口等，可按设置的程序顺序提起，越过障碍物后再自动落下，继续打磨作业。

2. 打磨小车作业装置

(1)结构特点

每辆打磨小车上装有 4 个打磨单元，每个打磨单元装有 2 个打磨电动机，每个打磨砂轮由一个打磨电动机驱动。每 2 个打磨电动机安装在一个辅助架上构成一个打磨单元。此外，还有车架，液压源的供给及控制系统等部分，如图 7.11 所示。

(2)打磨小车的动作种类和控制方法

①打磨小车的动作种类

打磨小车的动作种类包括小车的起落与锁定、打磨小车的运行、打磨电动机的垂直升降、打磨电动机的转动和横向移动、打磨电动机的角度偏转、基准轮位置的调整等。

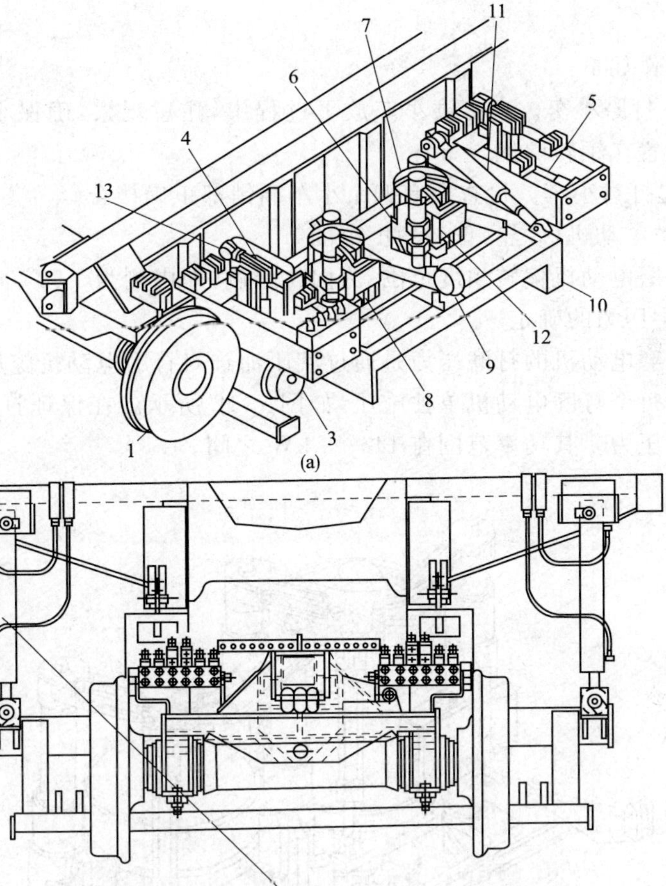

(a)

(b)

图 7.11 打磨小车结构图

1—走行轮;2—打磨小车提升油缸;3—轨距轮;4—轨距轮升降油缸;5—轨距轮伸缩油缸;6—摇篮;7—打磨电动机;8—打磨砂轮;9—打磨电动机摆角马达;10—摇架;11—摇架角位移驱动油缸;12—打磨电动机垂直油缸;13—侧车横向位移油缸

②打磨小车的控制方法

打磨小车的电力、液压系统可由计算机控制。每节车上装有一台打磨控制计算机,控制本节车的所有打磨工作。

另外,车体外部左侧设有手动控制箱,用于手动控制打磨小车升降等动作。

如果液压打磨系统无法操作,可使用应急泵来放下、提起或者收起打磨小车。使

用应急泵提起或放下打磨小车时，将应急泵开关扳到 ON(开)位置，然后按程序收放打磨小车。

具体操作如下：

a. 放下打磨小车。在打磨小车放下过程中，注意观察，确保小车的 4 个列车轮的轮缘都放置在钢轨内侧。

b. 提起打磨小车。检查所有四个小车插销都正确接合。

(3)打磨电动机(砂轮)偏转角度范围

每个打磨电动机偏转角度范围：为向轨距侧，即内侧为+50°，向外侧为−45°。

(4)打磨压力的确定

每个打磨电动机的打磨压力是通过液压油缸对打磨电动机施加向下的力而产生的。可以对每个打磨电动机单独施压，如图 7.12 所示。在保证打磨质量的前提下，应提高打磨压力。其功率范围在 14～27 kW 之间。

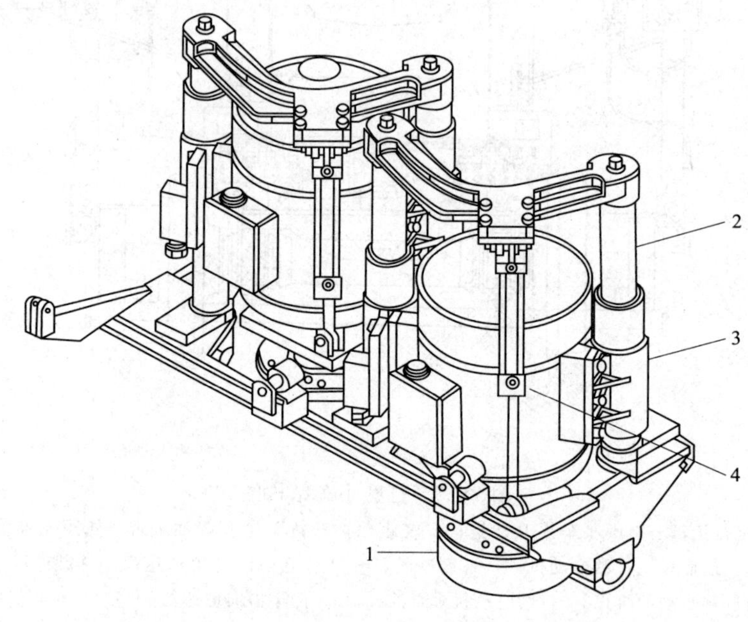

图 7.12　打磨支架

1—打磨砂轮；2—导轴；3—导向管；4—液压油缸

(5)液压部件

打磨列车的液压电磁阀、油缸及液压油都设计得比较细腻。其中，打磨部分的液压油是采用水基油，国外标号是 UCONHP5046，目的是为了满足高温防火的要求。

3. 打磨工作机构作业分析

(1)打磨机构

其是打磨功能的执行机构，为打磨车的重要组成部分，其机构复杂，包含机、电、液、计算机等。按照功能可分为液压系统，角度控制，电动机旋转，计算机等几部分构成。它们相互关联，共同作用实现对钢轨各部位磨削的功能。

(2)角度控制

打磨电动机的实际角度(以钢轨的中心线为依据)为向内偏＋50 和向外偏－45°，如图 7.13(a)所示。打磨角度是由两部分构成，一部分是偏转电动机带动打磨电动机产生±25°的偏转，如图 7.13(b)所示；另一部分是由打磨电动机摇架带动打磨电动机产生±25°至－20°的偏转，如图 7.13(c)、(d)所示。因此当打磨电动机的所需角度超过±25°后就需要相应的摇架向内外侧偏转，所差的角度再由偏转电动机进行修正。

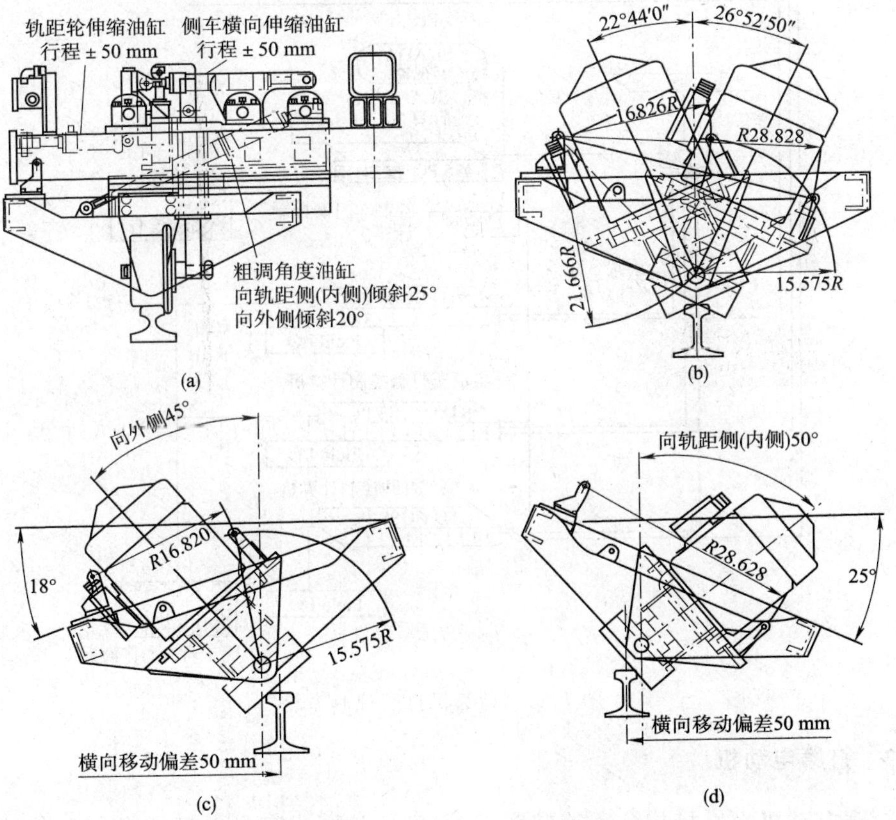

轨距轮伸缩油缸 行程 ± 50 mm
侧车横向伸缩油缸 行程 ± 50 mm
粗调角度油缸 向轨距侧(内侧)倾斜25° 向外侧倾斜20°

(a)

22°44′0″ 26°52′50″ 16.826R R28.828 21.666R 15.575R

(b)

向外侧45° R16.820 18° 15.575R 横向移动偏差50 mm

(c)

向轨距侧(内侧)50° R28.628 25° 横向移动偏差50 mm

(d)

图 7.13 打磨电动机角度控制图

4. 计算机

计算机系统由一台 SCADA 主机和 3 台 GCC 共同构成一个网络。

SCADA 主机称作监视控制及数据采集计算机，它位于 1 号车，全部打磨程序(例如：打磨方式、打磨电动机功率的设置、报警参数的设置、系统调整等工作)都由这台计算机来完成。3 台“GCC”打磨控制计算机，分别位于每一节打磨车上，只控制本节车上的所有打磨功能。

操作人员可以通过 SCADA 计算机控制全车 48 个打磨电动机，最终实现 48 个打磨电动机的角度偏转，打磨电动机旋转，打磨电动机升降，同时还可以把相应的信息反馈给操作人员。计算机打磨控制系统如图 7.14 所示。

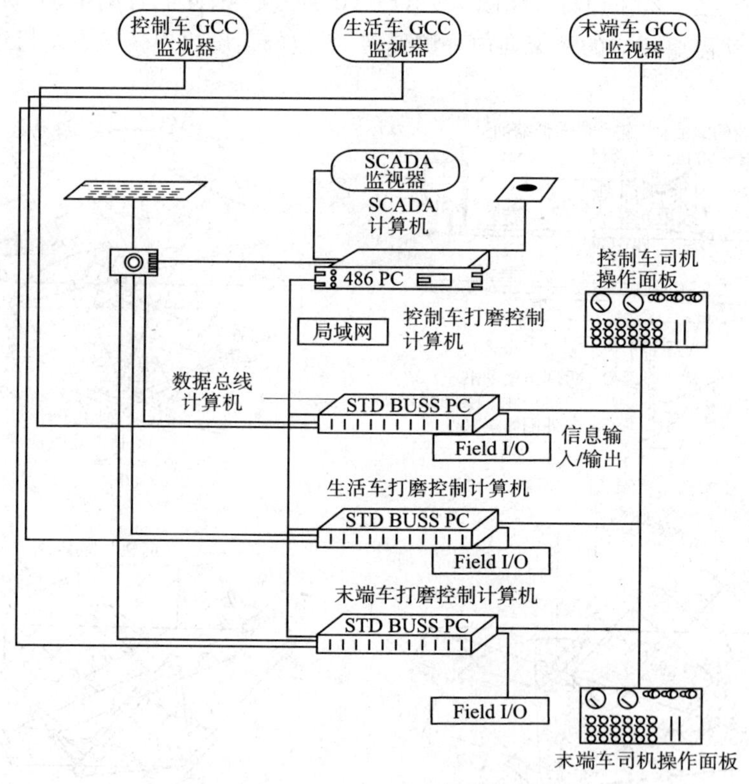

图 7.14 计算机打磨控制系统

7.3.2 打磨电动机

打磨电动机它直接担负着旋转磨石，起到使打磨小车具有打磨能力的作用；是打磨机构中的驱动元件。

打磨小车有两处用到电动机，第一处是打磨电动机，如图 7.15 所示。第二处是转角伺服小电动机。打磨电动机采用的是功率 22 kW，转速 3 600 r/min 的特定性能的电动机。它具有在恶劣工作环境下连续工作的性能。

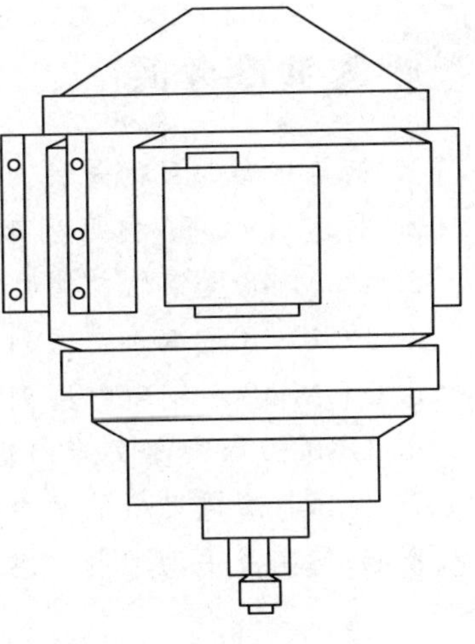

图 7.15 打磨电动机

打磨电动机由一个 600 V 三相 50 A 的空气开关和一个交流接触器来控制，空气开关是由手动控制，通常是在闭合状态，交流接触器的通断是由计算机来控制的。打磨计算机控制相应电动机的启动控制模块来实现交流接触器的闭合，使打磨电动机旋转。为了避免打磨电动机过载、短路，加入了相应的保护电路，当过载短路发生时会反馈相应信息到打磨控制计算机(GCC)，由计算机发出指令，断开交流接触器，切断故障打磨电动机的电源，当故障被排除后，可以通过打磨控制计算机进行复位，复位后就可以正常启动打磨电动机了。

7.3.3 砂轮

打磨列车所用的砂轮，尺寸为 254 mm×76.2 mm 和 95 254 mm×63.5 mm 两种。连续使用寿命可达 8～10 h。

砂轮结构：由砂轮由磨粒、结合剂和气孔组成，这些称为砂轮的三要素。图 7.16 为普通砂轮示意图。

图 7.16 普通砂轮示意图

复习思考题

1. 钢轨打磨的目的是什么?
2. 简述 GMC-96 打磨列车结构与性能。
3. PGM 48 型钢轨打磨列车由哪几节车组成?
4. PGM-48 型钢轨打磨列车有哪些特点?
5. PGM-48 型钢轨打磨列车有哪些工作性能?
6. GMC-96x 打磨列车打磨小车由哪些主要部件组成?
7. 简述打磨电动机的角度控制。
8. 如何完成手动控制打磨小车的升降?

8　钢轨焊接机械

金属焊接是指通过适当的手段，使两个分离的金属物体(同种金属或异种金属)产生原子或分子间结合而成一体的连接方法。钢轨焊接是金属焊接中的一种，但有它的特殊性。

钢轨焊接方法有4种：闪光焊、气压焊、铝热焊和窄间隙电弧焊。目前我国主要采用前3种焊接法。相应的焊轨机械为闪光焊接机(移动式闪光焊机、固定式闪光焊机)，铝热焊接机，气压焊接机。

固定式闪光焊主要用于钢轨的厂内焊接；移动式闪光焊、移动式气压焊、铝热焊主要用于长钢轨现场焊接。闪光焊是我国钢轨焊接的发展方向，因其具有焊接质量优良、力学性能接近钢轨母材、便于自动化控制等优点，在高速铁路无缝线路建设工程中被广泛使用；统计分析：闪光焊的质量最稳定，折损率仅为0.007%，铝热焊最差，折损率为0.5%。

钢轨闪光焊是钢轨焊接最主要并且最可靠的方法。

8.1　钢轨闪光接触焊接

8.1.1　钢轨闪光焊

1. 闪光焊分类

闪光焊分为：固定式闪光焊和移动式闪光焊。固定式闪光焊接是利用闪光焊机在基地或车间焊接钢轨，固定式闪光焊接又称为固定式接触焊；移动式闪光焊接是利用移动式闪光焊机在铁道线路上现场焊接钢轨，移动式闪光焊接又称为移动式接触焊。

2. 闪光焊焊接方法

钢轨闪光焊是将待焊的钢轨分别上下夹紧，平顺对直，然后接通电源，并使钢轨两端相互接近直至接触，电流通过待焊钢轨端部产生的热量，不断形成金属过梁，随着过梁爆破产生闪光、飞溅使被焊端面得以清洁，并使之加热至表面熔化状态，当钢轨端部温度均匀并沿纵向呈一定分布时，立即加压顶锻，在压力下相互结晶，使两节钢轨焊接在一起。

钢轨闪光焊对接示意图如图 8.1 所示，现场焊接如图 8.2 所示。

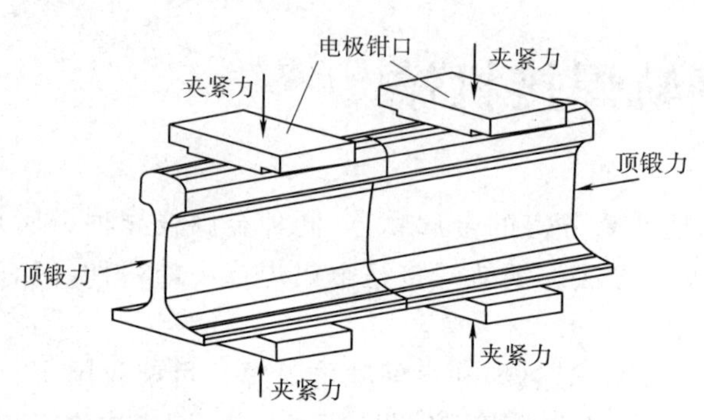

图 8.1　钢轨闪光焊对接示意图

图 8.2　钢轨闪光焊焊接现场

3. 闪光焊的加热

闪光焊接头是在热和机械联合作用下形成的。闪光焊时的加热，必须在合理的焊接温度场、促进焊接区塑性变形和获得优质连接这些基本条件下，通过低电压、强电流产生的电阻热使金属达到熔化温度，产生强烈飞溅，形成闪光，迅速施加顶锻力形成完整焊缝。

闪光焊的热源是电阻热。闪光焊时，当焊接电流通过两电极之间的金属即焊接区时，焊接区具有的电阻也会产生热量，即是焊件内部热源。如图 8.3 所示为电阻焊示意图。

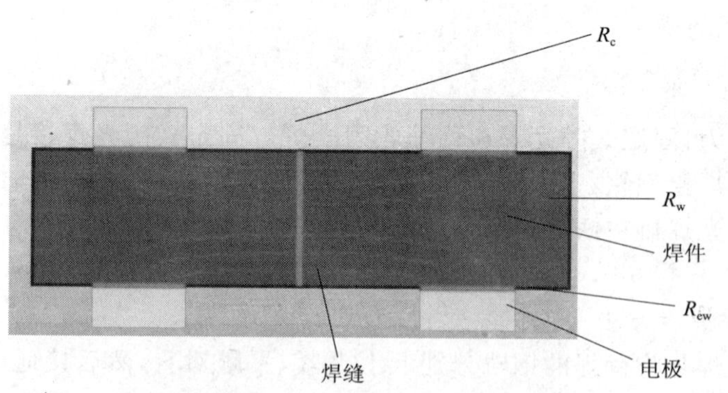

图 8.3　电阻焊示意图

R—焊接区总电阻，$R=R_{ew}+2R_w+R_c$；R_{ew}—电极与焊件间接触电阻；R_w—焊件内部电阻；R_c—焊件间接触电阻

注：电极与焊件间接触电阻忽略不计，总电阻：$R=2R_w+R_c$（忽略 4Rew）。

8.1.2 常见钢轨闪光焊接缺陷

1. 焊接缺陷

(1)电极灼伤:钢轨与焊机电极因接触不良产生的灼伤。

(2)打磨灼伤:砂轮打磨钢轨表面产生的灼伤。

(3)灰斑:存在于闪光焊焊缝断口中的局部光滑区域，与周边金属有明显界限。

(4)光斑:面积型缺陷，存在于闪光焊焊缝断口中的局部光滑区域，与周边金属有明显界限。光斑又称为白斑。

(5)过烧:晶粒边界熔化,是体积型缺陷,存在于焊缝或热影响区。轻度过烧呈细小黑灰斑点,重度过烧呈黑色蜂窝状。

(6)未焊合:母材与母材之间未能完全结合的部分。

(7)接头错边:钢轨焊接时由于两根钢轨没有对正，造成焊缝两侧钢轨表面之间出现的平行偏差。

2. 存在问题

无缝线路中闪光焊缝数量最多,一般接触焊缝质量较稳定。但偶然因素也会引起焊接质量不良。闪光焊存在的主要问题,包括以下几个方面:

(1)一些新焊机使用不正常,性能不够稳定,对部分新焊机的性能没有完全掌握,使得焊接质量不易控制;对旧焊机维修和配件更换不及时,使焊机不能正常工作,致使焊接接头综合性能下降,焊接质量不稳定;精磨机等焊接配套设备未能正常使用,使外观及质量达不到要求。

(2)在焊钳接触部位的底部出现电弧击伤现象,在电弧击伤处形成马氏体组织,从而形成裂纹,引起钢轨断裂。

(3)焊接参数选择不当,闪光过程不稳定、烧化不够、顶锻力不足、顶锻速度过低,导致焊接缺陷。

8.2 闪光焊接机

闪光焊接机分为:固定式闪光焊机和移动式闪光焊机,是长钢轨焊接的主要焊接设备。

8.2.1 固定式闪光焊机

固定式钢轨闪光焊机也可以大致分为两类:一类是以乌克兰巴顿焊接研究所为代表生产的 K 系列交流焊机(如 K190、K1000);另一类是以瑞士施拉特(SCHLAT-

TER)公司为代表生产的 GAAS80(600、700 和 580)系列直流焊机;以及我国在吸收国外同类产品核心技术基础上,独立设计和开发了 UN-200 钢轨闪光焊机。

1. K190 钢轨焊机

K190 焊机的程序控制也是采用机械控制,钳口的前进与后退也是由涡轮蜗杆连接的随动阀控制,因此,也只能进行连续闪光工艺。K190 可以在进行夹紧状态下进行钢轨端部的上下和左右的自由调节,因此,对中的效果好,这为减小钢轨焊后的接头错边提供了良好的基础。如图 8.4 所示为 K190 焊机。

图 8.4 K190 焊机

图 8.5 K1000 焊机

图 8.6 GAAS80 焊机

2. K1000 钢轨焊机

K1000 焊机是 K190 的升级产品,焊机的控制系统进行了 PLC 以及比例伺服阀的改造,同时,顶锻油缸采用了并联机构。K1000 可以进行连续闪光工艺,也可以采用脉动工艺;钢轨的水平夹紧增加了一级轨腰定位,更加有利于保证钢轨的对中精度。如图 8.5 所示为 K1000 焊机。

3. GAAS80 系列钢轨焊机

GAAS80 系列焊机与 K 系列焊机有相当大的不同,它采用预热闪光工艺,直流电源。直流电源优点是:三相电压和电流较为平衡,对电网的污染较小。采用直流电源,钳口部位无交流阻抗,因此,电流回路可以设计得较大,这对于加大钳口部位的空间,方便对中和焊渣的清理都有极大的好处。

GAAS80 焊机的机械系统十分复杂，电极导电、钢轨对中、顶锻夹紧以及推凸等动作分别由不同组的油缸完成，总共油缸多达 30 个左右。如图 8.6 所示为 GAAS80 焊机。

图 8.7 ZFR11 焊机

图 8.8 国产 UN-200 钢轨闪光焊机

4. ZFR11 钢轨焊机

ZFR11 焊机采用直流电源。一般采用预热闪光工艺。上位机采用计算机作为人机界面。如图 8.7 所示为 ZFR11 焊机。

5. UN-200 钢轨闪光焊机

UN-200 钢轨闪光焊机的开发是在吸收国外同类产品核心技术基础上，独立设计和开发的具有自主知识产权的高科技产品。

焊机的设计充分考虑了降低次级阻抗，焊机的机械、电气等性能稳定，技术先进，运行结果各项指标达到设计要求。

独立开发的连续和脉动闪光工艺可以保证焊接接头的强度和韧性，现场钢轨焊接的结果显示，焊机的性能稳定，钢轨焊接接头的质量稳定，完全达到了使用铁路钢轨焊接使用要求。

8.2.2 移动式闪光焊机

移动式闪光焊机大致可以分为 3 类：应用最为广泛的是以乌克兰巴顿为代表的 K 系列焊机，如 K355、K900 以及 K922 型焊机等，各焊机如图 8.9、8.10、8.11 所示。还有一些如俄罗斯、美国等是在 K355 焊机的基本上改进，与 K 系列焊机没有本质差别；另一类移动式钢轨闪光焊机是瑞士施拉特(SCHLATTER)公司生产的 AMS60 系列焊机，该焊机在我国的应用情况并不理想；第三类 LR1200 型焊轨机充分吸收了 K900 系列焊机的优点，并进行了一系列优化改进，功能上得以加强，能够完全满足当前国内高速无缝化钢轨闪光焊接的要求。

图 8.9　K355 焊机

图 8.10　K900 焊机

图 8.11　K922 焊机

1. K355 移动焊机

K355 焊机没有焊接电压、电流以及位移等工艺参数的记录系统，焊接参数的调整只能靠人工经验或外加系统来判断。焊机没有工艺参数监视系统。钳口的前进与后退是由涡轮蜗杆连接的随动阀控制，反应速度很慢，因此，只能采用连续闪光工艺。

2. K900 移动焊机

K900 焊机是在 K355 的基础上将程序控制方法改进成 PLC 控制，液压采用了比例伺服阀，使得焊机的控制水平有了一个本质的提高，精度达到了 0.1s 以内，彻底改变了焊机的操作性能。由于 K900 的控制精度提高，K900 焊机除了可以进行传统的连续闪光焊以外，还可以进行脉动闪光焊。

3. K922 移动焊机

K922 焊机是近几年开发的焊机，最大特点是可以完成保压推凸，由图可以看

出，焊接的左端多了两个专门用于推凸的油缸。另外，为了减轻焊机的重量，钢轨夹紧油缸采用了升压技术，这样，该焊机可以用于线上的钢轨锁定焊。但是，K922 焊机的锁定焊功能应用较为复杂，焊接的稳定性也有待进一步提高。

4. LR1200 移动式钢轨闪光焊机

LR1200 型焊轨机充分吸收了 K900 系列焊轨机的优点，并进行了一系列优化改进，功能上得以加强，能够完全满足当前国内高速无缝化钢轨闪光焊接的要求。如图 8.12 所示为 LR1200 型焊轨机外观图；如图 8.13 所示为 LR1200 型焊轨机现场焊接作业图。

图 8.12 LR1200 型焊轨机外观图

5. 焊轨车类型

(1)自行焊轨车

自行焊轨车具有焊接效率高、自动化程度高的优点，但自行焊轨车的成本较高。

(2)集装箱式焊轨车

移动较为灵活。可以采用铁路或公路的方法进行运输，焊前的对轨相对比较麻烦。

图 8.13　LR1200 型焊轨机现场焊接作业图

8.3　LR1200 型钢轨闪光焊机

8.3.1　焊机简介

LR1200 型钢轨闪光焊机是采用闪光接触焊工艺，将机械、液压、电子、传感、自动控制、计算机等技术集中于一体的专用设备。主要有焊机机头、电气控制系统、焊接管理系统、液压系统、冷却系统等部分构成。系统框图如图 8.14 所示。

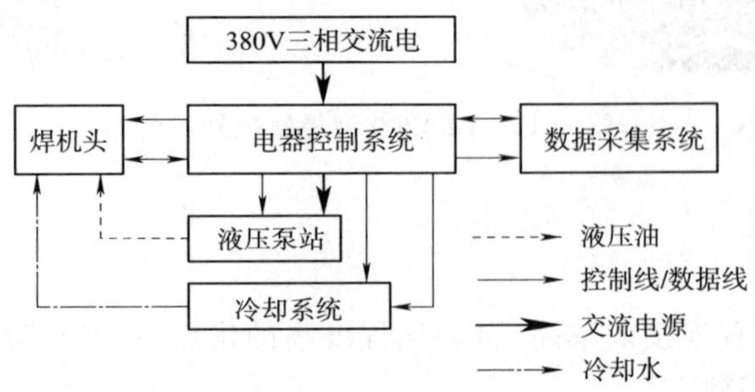

图 8.14　LR1200 型钢轨闪光焊机系统框图

1. 焊机机头的组成

LR1200 型钢轨闪光焊机的机头由箱体、中心轴、夹紧油缸、顶锻油缸、推瘤刀、吊具等组成,如图 8.15 所示。

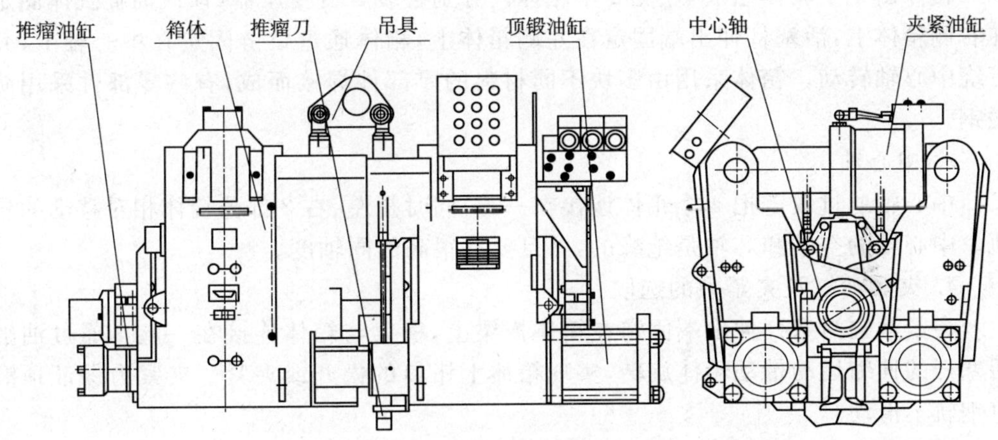

图 8.15 LR1200 型钢轨闪光焊机机头结构示意图

主要技术参数见表 8.1 所列。

表 8.1 主要技术参数

额定输入电压	380 V	控制电压(DC)	24 V
额定功率 (50%暂载率)	210 k·AV	液压阀工作电压(DC)	24 V
额定初级电流 (50%暂载率)	540 A	液压系统额定压力	21 MPa
最大可焊接钢轨截面积	1 000 mm^2		

在进行钢轨锁定焊接过程中,需要将钢轨拉伸一定长度才可以焊接。钢轨拉伸的目的是为了补偿钢轨焊接过程中的闪光量、顶锻量和焊接前钢轨收缩量。钢轨拉伸量:

$$\Delta L = L_{闪} + L_{顶} + L_{收}$$

式中 $L_{闪}$——闪光量,根据截面、材料性能和焊接工艺,闪光量取 32 mm;

$L_{顶}$——顶锻量,根据截面、材料性能和焊接工艺,顶锻量取 14 mm;

$L_{收}$——钢轨收缩量,焊接 200 m 长的钢轨,取温差 10 ℃,钢轨线形膨胀系数为:11.8×10^{-6},$L_{收}=a\cdot L\cdot\Delta t=11.8\times10^{-6}\times200\times10=23.6\times10^{-3}$。

所以钢轨拉伸量 ΔL 为

$$\Delta L = L_{闪} + L_{顶} + L_{收} = 69.6\,\text{mm}，取整为 70\,\text{mm}。$$

2. 箱体

箱体由 4 个箱体组成，左侧 2 个箱体内分别各装 1 台变压器，顶锻油缸缸体固定在右侧箱体上，活塞杆伸出端固定在左侧箱体上，箱体通过铰链固定在中心轴上，并可绕中心轴转动。箱体采用由多块不同材料的零部件焊接而成，有些零部件采用防磁钢。

3. 中心轴

中心轴通过铰链把 4 个箱体连接在一起，同时是左、右 2 部分箱体相对移动的导轨。中心轴的空轴和芯轴是绝缘的，并且要有很高的同轴度。

4. 夹紧油缸及夹紧力的选取

夹紧油缸活塞杆伸出端固定在箱体横梁上，横梁与箱体连接在一起。通过油缸活塞杆的伸缩运动带动箱体旋转，实现箱体上钳口的松开或夹紧。夹紧力保证顶锻时钢轨不滑动。

5. 顶锻油缸及顶锻力选取

顶锻油缸缸体固定在右侧箱体上，活塞杆伸出端固定在左箱体上。顶锻油缸动作可使左、右 2 部分机架分开或靠拢。顶锻力影响接头的塑性变形。以焊接 200 m 钢轨为例，顶锻力一般为 $1\,200 \times 10^3$ N。

8.3.2 推瘤刀

推瘤刀由刀体和刃口组成，其长期在 1 000 ℃左右的高温下切削焊瘤，容易磨损，需要经常更换。推瘤刀的选材和加工工艺，将保证其在使用过程中的稳定性和较长的寿命。

1. 推瘤刀选材

在选材上需要选择适当的刀体材料和刃口材料，刃口材料的好坏直接影响切割质量，材料必须具有耐磨、耐蚀、耐热等性能。选择刃口堆焊材料时，应考虑到在高温工作环境下可能引起刃口堆焊金属硬化组织的回火或稳定组织的暂时软化产生相变，使其硬度和脆性发生变化，以及可能造成的加剧氧化或起鳞。刀体材料主要权衡 5 种因素：

(1)材料要耐腐蚀和耐热性；

(2)材料的力学性能，特别强调室温、高温的强度；

(3)制造工艺，包括锻压、机加工、成形、焊接等工艺；

(4)材料具有防磁功能；

(5)材料的成本。

一般可用奥氏体形不锈钢和耐热钢来制造耐高温的零部件和非磁性部件。

此外，温度的交替变化还会因热应力导致刃口堆焊组织的热疲劳或热冲击破坏，由于钴基合金在 650 ℃左右仍能保持较高的硬度，具有高的抗擦伤能力和低的摩擦因数，以及较高的抗氧化性抗腐蚀性和耐热性能，因此可选择钴基合金作为刃口的表面堆焊材料。

2. 焊接工艺

经对推瘤刀工作环境和加工要求进行分析，选择多层堆焊工艺进行刃口表面处理，采用堆焊工艺可以提高刃口耐磨性和耐腐蚀性，从而延长推瘤刀寿命。同时在韧性较好的母材上制取一个高硬度的金属表面可以获得最佳的材料性能组合。

8.3.3　控制系统

LR1200 型钢轨闪光焊接的控制系统包括电气控制系统、焊接管理系统、液压系统、冷却系统等。控制系统硬件原理图如图 8.16 所示。

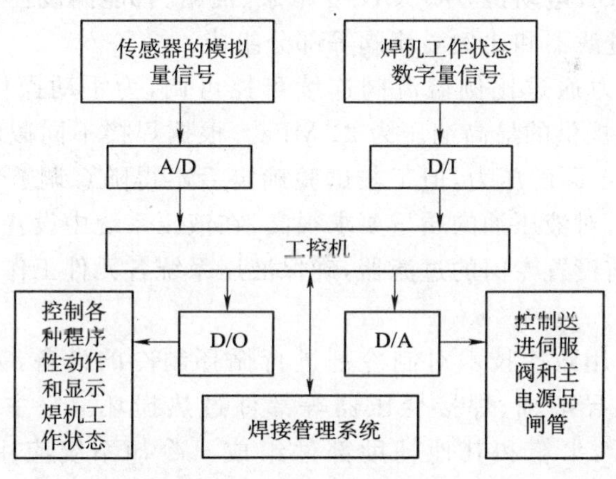

图 8.16　控制系统硬件原理图

1. 电气控制系统

电气控制系统为焊机各部分提供电源，还控制液压和冷却系统与焊接同步。按工艺要求发出指令控制焊机进行焊接，通过传感器采集各种焊接数据，向焊接管理系统提供焊接数据。

电气控制系统中的可编程控制器的配置见表 8.2。

表 8.2 可编程控制器的配置构成

名 称	编 码	名 称	编 码
电源	1746－P2	模拟量输入板	1746－NI4
CPU 板	1746－L532	数字量输入板	1746－IB16
数字量输入板	1746－IB16	模拟量输入板	1746－N18
数字量输出板	1746－OW16	模拟量输出板	1746－N04V

2. 焊接管理系统

焊接管理系统通过串行口与电气控制系统完成通讯、采集、显示焊接数据，自动判别焊接结果，保存每个焊头的档案资料，修改电气控制系统中的焊接工艺参数。

这些程序都是在 Windows 环境下用 VISULAL BASIC 语言编制。

在焊接过程中，通过数据采集程序将采集到的焊接数据和焊接的时间以数字和图形的形式不断地在显示屏上显示，以便直观准确地了解焊接的进展情况。

3. 液压系统

液压系统由 ABB 电动机，BOSCH 变量泵、油箱、智能温度控制仪、油位指示器、高压过滤器、回油过滤器和比例溢流阀等部分组成。

液压系统的压力通过比例溢流阀连续可控可调，为手动操作提供的低油压为 4 MPa，为自动焊接提供的最高油压为 21 MPa。根据焊接不同截面积、不同长度、不同材质的钢轨调节不同的压力，但工艺试验确定后不得随意调节。所有液压件特别是变量泵和比例阀，对液压油的质量要求很高，在液压系统中设置回油过滤器和高压滤油器，在比例阀前设置专门的过滤器，确保液压系统各元件工作正常。

4. 冷却系统

冷却系统是运用致冷技术对制冷剂进行循环制冷的设备，为焊机提供循环的冷却水，防止钳口、导电轴、焊接变压器等部件过热损坏。它主要由压缩机、冷凝器、膨胀阀、蒸发器、水箱和其他辅助部件组成。冷却系统应用的制冷剂为弗利昂 22。

钳口、导电轴、焊接变压器等部件上的热量传递给反复循环的蒸馏水，通过系统循环泵被转移到制冷系统的蒸发器。蒸馏水将热量转移到蒸发器中的液、气制冷剂。同时，液态制冷剂的蒸发吸收热量，而蒸发效应冷却了蒸馏水。冷却后的蒸馏水又被送回到远处热源，再吸收热源的热量。蒸发的气态制冷剂被送到压缩器，并被压缩到冷凝器去，在那里由离心式风机提供的室外空气吹过制冷剂管路，气态的制冷剂被转换成液态。然后，液态制冷剂通过冷却器、放热器、储气罐、干燥器、观察孔和电磁阀被转移到扩散阀，通过扩散阀后液态制冷剂可在蒸发器中膨胀，重复制冷的

过程。

LR1200 型焊轨机充分吸收了 K900 焊轨机的优点，并进行了一系列优化改进，功能上得以加强，能够完全满足当前国内高速无缝化钢轨闪光焊接的要求。

8.4 钢轨铝热焊

钢轨铝热焊一般用于钢轨的现场焊接，如道岔焊接、线路维修。钢轨铝热焊就是用铝和铁的氧化物进行氧化还原反应，从而将 2 根钢轨焊接起来的铸造工艺。

8.4.1 钢轨铝热焊

1. 钢轨铝热焊接

铝热焊是热剂焊的一种，也是钢轨焊接最为常用的一种。铝热焊是在待焊件之间留出一定的间隙，周围用模具围上，然后点燃坩埚中的焊剂，通过氧化还原反应，放热生成液态的金属，将液态金属注入焊件之间的间隙，完成金属的焊接。图 8.17(a)为铝热焊焊接示意图，图 8.17(b)为可多次使用的坩埚铝热焊现场。

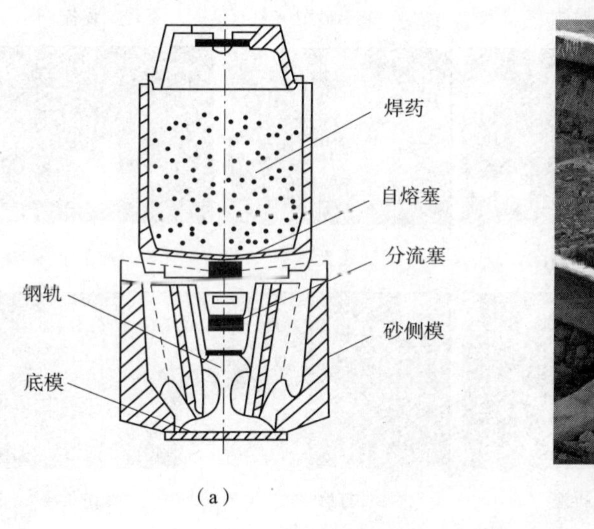

(a)

(b)

图 8.17 铝热焊焊接示意与坩埚铝热焊现场

钢轨铝热焊接工艺流程主要为：钢轨端头准备→砂模准备→预热→焊药包准备→浇铸→拆除砂模与推瘤→打磨。如图 8.18、图 8.19 所示为焊接流程及分步作业图。

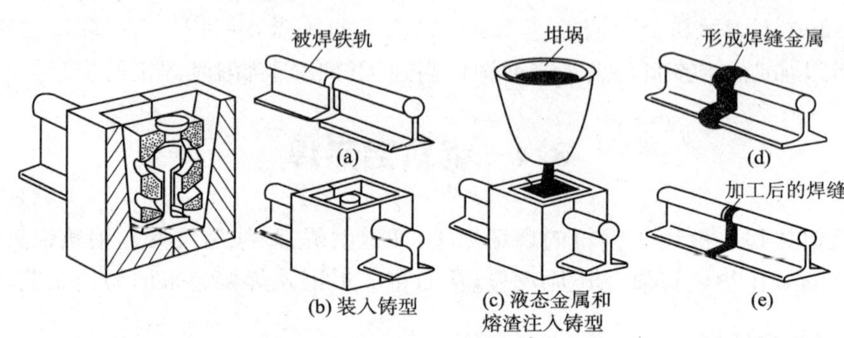

图 8.18　钢轨铝热焊接流程

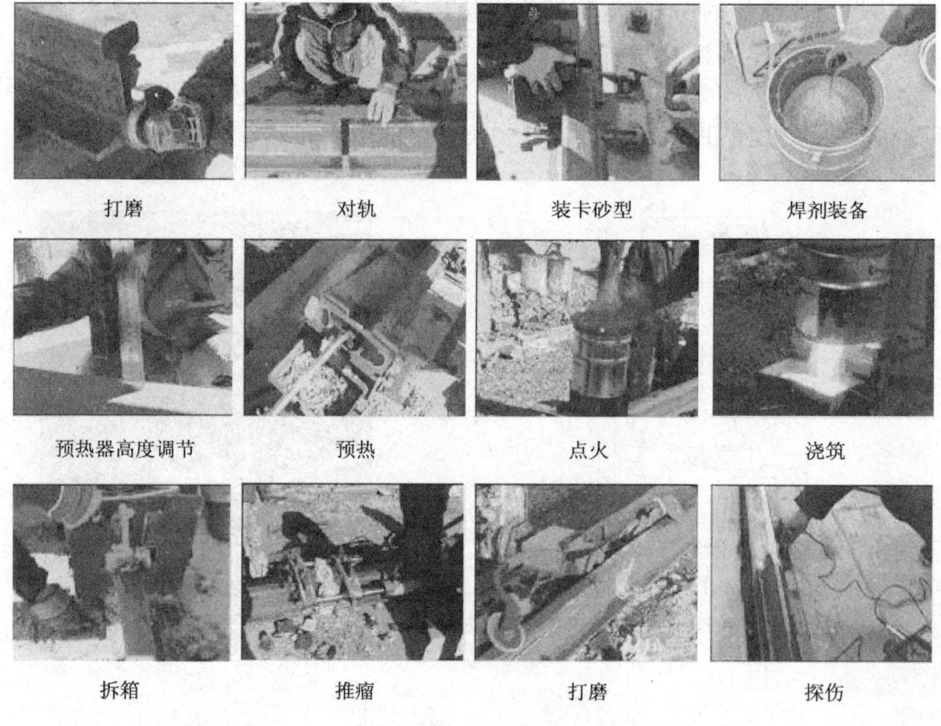

图 8.19　钢轨铝热焊接流程分步作业示意图

2. 铝热焊焊缝处理

(1)铝热焊焊接期间，在固化时，会在轨头焊接处留下一个金属瘤，传统上这个瘤是手工用大锤和凿子把它打掉，这使工人在作业处理时，高温金属溅射到自己身上，

工作十分困难。液压推瘤机可以将多余的金属切掉，而且不会损坏钢轨本身。EPM2 型除瘤设备如图 8.20 所示。

图 8.20 EGH2 型钢轨推瘤机工作示意图

(2)拆模之后，钢轨推瘤机中的两液压操作刀头沿着钢轨本身移动，将瘤切掉。该推瘤机较轻，两人就可以轻松正常操作。图 8.21 为钢轨推瘤机和焊后热处理。

液压推瘤机

焊接后热处理设备

图 8.21 分体式推瘤机型结构示意图和焊后热处理

(3)推瘤机一套刀头可适应多种型号"工"字形钢，精度亦可保证(误差 1～2 mm)。图 8.22 所示为适应各种钢轨的成对推瘤刀头。

(4)EPM2 型除瘤设备技术规范(表 8.3)

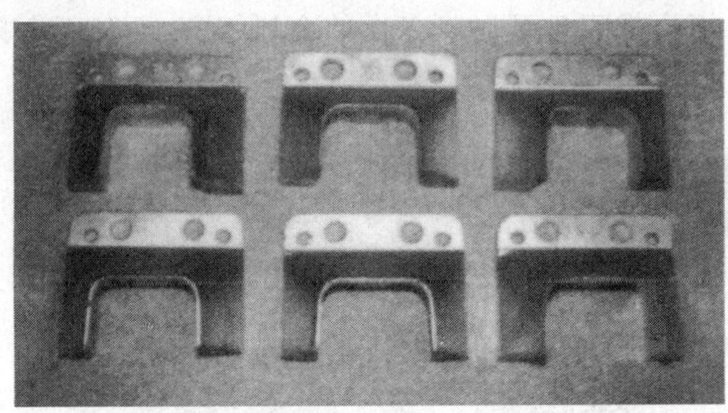

图 8.22　适应各种钢轨的成对推瘤刀头

表 8.3　EPM2 型除瘤设备规范

名　称	规　范
重量(kg)	63(不带刀头)
尺寸(mm)	$L \times W \times H$　1 020×500×480
推力(kN)	216
液压(10^5 Pa)	250

8.4.2　存在问题

铝热焊焊缝为铸态组织，其强度低，质量欠稳定，断头率高，综合性能较差。因此，铝热焊接头是无缝线路的薄弱环节，特别是如果焊接工艺选择不当产生焊接缺陷时，将更易出现焊接接头的早期伤损和折断。

1. 铝热焊缺陷

(1)焊接接头上拱，其原因是对轨时预留上拱度过大，焊后不按时复位；接头两侧钢轨受力不对称。新旧轨差异亦会出现高低接头的现象。

(2)未焊透钢轨，预热温度低或预热后温度降低过量，轨端处理不彻底，焊剂失效。

(3)过烧，待焊钢轨预热温度不均匀，出现熔融现象。

(4)裂纹，在高温时，焊接接头受到了外力作用，拆除砂模以及推瘤时间过早，焊接接头降温速度过快引起裂纹。

(5)气孔夹杂物，砂模、坩埚受潮以及焊剂质量存在问题均会在焊接后产生气孔。

2. 铝热焊存在的主要问题

(1)焊剂是钢轨铝热焊的主要消耗材料，其质量直接影响到焊接接头的质量。部分焊剂质量不过关，导致接头存在损伤，造成接头低凹，引起焊接接头断裂。且受潮、

破损的铝热焊焊剂易产生气孔。

(2)目前全路还没有统一的钢轨铝热焊接接头技术标准和探伤工艺标准,无法有效地控制和检查铝热焊缝质量。

(3)线路封锁时间短,焊接时间不足,焊后没有足够的时间冷却,焊接接头未达到规定的温度就开通线路,影响接头质量和形成焊缝处轨头踏面早期不平顺。

(4)焊接人员操作不规范。

8.4.3 提高钢轨焊接质量的建议

1. 保证焊接质量

严格检查、验收各种焊缝,加强焊缝及热影响区探伤检查,加强焊接缺陷检查。对有疑问焊接接头做好标记进行复探分析,坚决杜绝不合格焊接接头进入下道工序。同时要建立焊轨质量定期检测制度,以使焊接质量处于受控状态。采取有效、有针对性的措施进行改进,从而不断提高焊接质量。

2. 研发和推广焊接新设备、新技术、新工艺

鼓励有研发能力的厂家,开发新产品、新工艺,并在研究成功后予以奖励。大力推广新产品,改进焊接工具,发展机械化自动化操作,用科技保安全,使焊轨质量再上一个台阶。

3. 科学管理,严格控制焊接施工过程

加强焊接过程的科学管理,建立相应的岗位责任制,确保质量有人管,责任分得清。从焊接、铺设、锁定以及轨枕位置、轨面平顺、损伤程度和维修情况等各个方面都要做好记录,建立技术卡片,及时总结经验,提高社会与经济效益。

4. 提高焊轨队伍的质量意识和技术业务素质

强化操作人员业务技术培训,提高操作人员的文化知识水平和标准化作业技能,培养一支有经验、懂技术、责任心强、高素质且相对稳定的焊轨施工队伍。

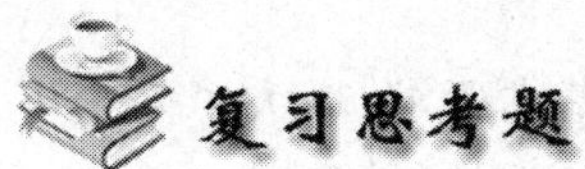

1. 钢轨焊接的方法有几种?
2. 钢轨焊接机分几种?
3. 无缝钢轨焊接分几步进行?
4. 闪光接触焊机分几种?
5. 简述长钢轨焊接的工艺流程。

9 高速铁路养路机械作业管理

高速铁路是指最高运行速度达到 250 km/h 及以上，或既有线改造最高运行速度达到 200 km/h 及以上的铁路；铁路线路运行速度极高，因此对高速铁路线路修理要满足高可靠性、高稳定性和高平顺性的要求。修理原则：严检慎修。修理组织原则：设备管理属地化，专业修理区域化，天窗修理机械化。作业管理坚持“安全第一，预防为主，综合治理”的方针。

为了充分发挥大型养路机械的工作效率，保证运行列车及施工人员的安全，养路机械安全作业，做到在天窗内作业，并保证有尽可能长的线路封锁时间；施工作业区段所属的工务段要提供详尽线路技术资料，并做好前期的辅助准备工作；综合维修基地要保证施工作业人员技术熟练和完好的机械设备合理配备；要有一套组织严密的指挥协调系统；做好大型养路机械的量化考核及收尾验收工作。

9.1 施工管理

9.1.1 开“天窗”作业

开“天窗”作业是大型养路机械修理线路的先决条件。“天窗”时间的长短直接影响作业效率和作业进度。“天窗”时间越长或作业时间越长，作业效率越高。“天窗”时间少于 3 h，纯作业时间不足 2 h，就不能充分发挥大型养路机械的工作效率，合理的“天窗”时间，应不少于 3 h。

为了提高“天窗”利用率，必须尽量减少辅助作业时间，如运行时间、收放车时间、联控时间；操作人员必须熟练操作；设备状态良好等。

使用大型机械开“天窗”修理线路，是高速铁路线路修理基本要求，增大了安全可靠性，而且明显地提高了生产效率和线路质量，保证了轨道的高平顺性和稳定性。

9.1.2 施工配合

大型养路机械上道作业涉及多个专业的设备设施，需要各专业配合。

工务段是线路设备的管理者，主要负责提供相关线路设备技术资料、作业区段起、拨道量或钢轨打磨廓型，补充和均匀捣固地段石砟、调直钢轨及复紧扣件、处理打

磨区段线路及两侧易燃物，整理作业后的线路、清扫无砟轨道遗留物，进行作业验收等。

线路上安装、埋设有各种电务设备，电务专业主要负责提供有关技术资料、处理埋设电缆、拆除影响作业的设备、对有防火要求的设备要进行绝缘防护处理，作业后及时恢复。

轨道线路与接触网应有良好的相关位置关系，供电专业主要负责作业地段接触网参数测量、确认轨面红线、检查和处理接触网接地线和电力电缆、检查和清扫接触网和绝缘子、测量并调整接触网导高及拉出值等。

车辆专业主要负责拆除红外轴温检测设备，处理不符合埋设规定的连接线，作业后及时恢复。

大型养路机械作业是流动性的，涉及车站停留、调车、编组、运行，需要车务专业安排配合。大型养路机械作业时，各环节的配合是最重要，不仅关系到修理进度，而且关系到线路修理质量。

9.1.3　强化大型机械化段的管理

大型养路机械的作业效率和作业效果直接关系到经济效益和行车安全，它和大型养路机械的管理密不可分，主要涉及人员管理和设备管理两部分。

1. 人员管理

大型养路机械的特点是体积大、功能多、效率高，结构复杂，机、电、液、气于一体。因此机组配置的人员必须具备相应的技术业务素质，经过专业技术培训和考试合格，方可上机操作。

所有的操作人员必须按操作规程实施作业标准化，并制定切实可行的岗位责任制，做到分工明确，责任分明。对操作人员必须加强技术培训，提高技术业务素质，能掌握比较复杂机械的拆检、调整和故障排除等项工作。

大型养路机械作业时，要充分利用“天窗”内的时间，按照作业计划完成作业进度，同时还要保证作业质量和设备寿命，如果一个环节出了问题，就要影响到整个施工进度，因此，必须保证操纵人员技术熟练和设备的完好。

2. 设备运用及管理

大型养路机械作业是一种多类型、多台机械的综合作业，其编组是否合理将直接影响到作业效率。对不同线路条件和不同起道量的区段应有不同的编组，同时，还要考虑到不同机械的作业速度，如何编组这些机械设备，是充分发挥大型养路机械的工作效率的关键之一。

(1)作业机械的编组。大型养路机械通常都是编组作业，但在特殊情况下，也可

以分开单独使用。

所谓编组作业，即清筛车、捣固车、动力稳定车、配砟整形车等多种机械按照作业条件、作业量和作业速度组成不同辆数和作业次序的联合作业机组，一般称为 MDZ 机组。

机组在实际作业中，具体的编组方法要根据线路修理作业的要求决定。比如，当线路起道量在 50 mm 及其以下时，依照作业前进方向其编组作业顺序一般是：最前面为捣固车，中间为动力稳定车，最后是配砟整形车，依次进行跟踪作业。

当线路起道量为 50～150 mm 时，机组作业编组顺序一般是：前面为配砟整形车，中间为捣固车，最后为动力稳定车。这是因为线路起道量大，需要把预卸起道捣固用的石砟提前回填到道床上来，以保证起道捣固时有足够的石砟，并有利于夯拍和稳定道床。

(2)大型养路机械的维修。大型养路机械是多种技术组成的高科技产品，如果操作、保养或维修不当，不仅直接关系工作效率、作业质量、涉及行车和人身安全，而且还会使作业成本大幅提高，直接降低了经济效益。因此，加强机械的检修保养十分重要。

大型养路机械修程可以划分为保养、检修、整机大修三类。

大型养路机械的保养分日常保养、定期保养和对策保养。各种保养均有不同的内容和目的，其中最重要的是日常保养。日常保养做得好，可以大大减少机械故障率，及时发现和预防隐患。日常保养可以列入岗位责任制，定人、定位、定时、定责，及时做好清洗、检查、紧固和调整等工作。

检修一般是每年一次，大型机械集中在基地时，根据日常掌握的各总成部件的技术状况，确定不同的修理规模。

整机大修要在定点厂进行，这样可降低成本，通过专业化维修来保证质量。

9.1.4 组织指挥系统

大型养路机械开“天窗”作业，整个作业过程涉及运输、电务、工务、车务、供电等诸多单位，需要各有关单位的协同配合，如果某一个环节不畅，都会影响作业的顺利进行。因此，必须有一套有效地组织指挥系统，才能充分发挥大型养路机械的效率。

大型养路机械的作业计划经铁路局审查批准后，由各铁路局组织实施。

当铁路局下达年度生产任务后，运输和工务部门负责运输方案和施工组织的制定，下设现场指挥组，具体组织施工计划的实施和指挥。现场指挥组应建立定期的联席会议制度，由车务、电务、工务、供电、机械各段派员参加，及时协调解决施工作业中存在的有关问题，以保证施工作业计划的实施。在大型机械施工期间应着重抓好信

息反馈，通过交班会、现场联席会议、月度工程总结等掌握工程进度和安全生产情况。

9.2　质量控制

大型养路机械作业项目全、程序细、标准高、要求严、作业质量均衡，从而大大提高了线路质量和轨道承载能力。并且其作业效率高、作业质量巩固时效长，可以从总量上减少线路修理及整治施工占用线路的时间，有效地挖掘了线路的运输潜力。另外，大型养路机械具有良好的机动性，在承担需缩短工期的突击性线路整治工作中更能显示其优越性。大型养路机械已经成为高速铁路不可缺少的作业手段。

应用轨道检查车、钢轨探伤车等工务专用设备对线路及时检测，使轨道几何状态和钢轨状态处于随时可控之中，从而保证了高速线路的行车安全。

9.2.1　大机作业技术规定

1. 线路修理作业技术规定

(1)捣固作业时应设置不少于 10 mm 的基本起道量。当起道量为 10～50 mm 时捣固一遍，起道量超过 50 mm 时捣固两遍，接头处应增加捣固遍数。

(2)在需变更曲线超高地段，当里股起道量大于 20 mm 时，应分两次进行起道。

(3)线路方向的整正可采用四点式近似法，用 GVA 自动拨道或查表输入修正值用手动拨道。当线路每隔 2.5 m 有准确的拨道量时，可按精确法进行拨道。在长大直线地段，应采用激光准直系统进行拨道。

(4)一次最大拨道量按表 9.1 规定进行。

表 9.1　一次最大拨道量参数

曲线半径 R(m)	圆曲线正矢连续差(mm)	圆曲线正矢最大最小差值(mm)	一次最大拨道量	
			四点式	三点式
$R\leqslant 250$	14	21	84	43
$250<R\leqslant 350$	12	18	72	36
$350<R\leqslant 450$	10	15	60	30
$450<R\leqslant 650$	8	12	48	24
$R>650$	6	9	36	18

对拨道量大于一次最大拨道量的地段应分多次拨道；对线路方向严重不良的地段，应按《铁路工务安全规则》的有关规定先进行。

(5)捣固作业结束前，应在作业终点画上标记，并以此开始按不大于 2.5‰坡度

递减顺坡，达到安全放行列车的要求。一般情况下不在圆曲线上顺坡，严禁在缓和曲线上顺坡结束作业。

(6)在有砟桥上，枕下道砟厚度不足150 mm时不能进行捣固作业。

(7)线路道床严重板结地段(一次下插镐头不能进入枕底面以下可视为严重板结道床)，禁止使用大型养路机械进行捣固作业。

(8)站区内作业时，线路起道后的钢轨顶面至接触网距离不得小于5 700 mm。

(9)大型养路机械修理后的线路几何状态应达到《铁路线路修理规则》所规定的要求。

2. 线路大修作业的技术规定

(1)使用清筛机清筛道床，其清筛深度一般不小于300 mm。

(2)清筛机枕下导槽在作业时应按1∶50的坡度向道床排水侧倾斜。

(3)被清筛线路两侧的建筑物(包括埋设在道床中的固定物)至线路中心的距离应不小于2 100 mm。

(4)在翻浆冒泥地段作业时，若砂垫层尚完好，可应用机械进行抛砟换道床作业；若线路翻浆严重，砂垫层功能丧失，应合并进行换道床和垫砂作业。

(5)清筛机回填道砟要均匀，曲线外股要适当多配道砟。

(6)捣固车、动力稳定车和配砟整形车作业的技术要求参照《大型养路机械使用管理规则》有关规定执行。配砟整形车配砟不能超出轨面，不能妨碍捣固车作业。

(7)线路大修作业应经过三遍捣固后验交。整细捣固应采用精确法严格按照线路大修设计技术资料进行作业，其他捣固作业可采用近似法。

(8)整细捣固顺坡率不得大于2.5‰。当作业终点有拨道量时均应输入拨道递减量，以便将线路拨顺，达到安全放行列车的要求。

(9)大型养路机械大修作业后的线路质量应达到《铁路线路修理规则》所规定的标准。

9.2.2 大机作业协调配合

1. 大型养路机械施工作业特点

大型养路机械作业能够减少线路临修工作量，延长线路修理周期，减少施工封锁天数，缩短或取消施工后慢行等，为实施干线提速创造了条件。大型养路机械作业具有以下显著特点。

(1)大型养路机械施工是一项系统工程，需要有关部门的协调配合。

(2)同时参加作业的大型养路机械多，实际作业前的准备工作量大、时间长，作业慢行距离长，作业程序多，单次作业需要时间多。

(3)为配合大型养路机械施工,需要开行专门的路用列车,因而在施工地点附近需要有一个技术站进行解体和编组作业。

2. 大型养路机械施工对运输组织的影响

(1)施工需要大量的路料运输,每天要开行路料列车,这些路料到技术站后可能长时间积压。

(2)施工路用列车大量的解编、运行作业及存放,对技术站运输组织干扰很大。如施工期间,大型机械作业车组的存放、整备、上油;宿营车组的存放;道砟专列、轨枕车的到达及排空;路用列车的到达、解体、编组等,每天都要占用多条股道,为了及时完成这些作业,需要指定专门调车机负责这些任务,每次作业时间达 2～3 h,甚至达到 4 h。

(3)路用列车需要在施工区段所涉及的中间站进行机车转线、甩挂或装卸等作业,对这些站的正常运输造成干扰。

(4)每天施工时间要满足 180 min,施工前的限速和施工后的慢行,造成线路通过能力的紧张。

3. 运输组织配合中应解决的关键问题

(1)"天窗"给点时间问题。目前许多线路的图定"天窗"时间少于 180 min,甚至只有 90 min,而运输组织方面,如机车运用、施工慢行、旅客列车晚点、夏季图定"天窗"时间内轨温超温等,经常影响封锁点时间,造成实际给点时间减少,在行车密度大的干线更为突出。

(2)安全压力问题。大型养路机械施工时,非正常情况接发列车多,同一区间同方向要同时进入多列路用列车,并且带有车辆。进入区间后各自分开作业,作业区域长达 3 000～4 000 m,作业人员多达 400～500 人,作业场地狭窄,邻线还不断有列车高速通过,作业要求高,组织协调和安全防护难度大,给行车和人身安全带来双重压力。

(3)因地制宜问题。施工地点不同则作业方式也不同。在区间内、车站内、道岔区等关键地点作业时,施工条件、运行组织方式是不相同的,必须因地制宜,制定周密而详细的施工组织方案。

(4)路用列车的开行组织问题。确保路用列车的开行安全是一个十分重要的问题,根据不同的施工条件必须及时制定临时行车组织办法。对于关键地段和作业环节,更要在组织方式上有所突破,才能更好地提高施工效率。

(5)大型养路机械作业时间问题。由于各部门准备工作不足,会对大型养路机械施工造成影响,从而使大型养路机械施工的纯作业时间不足,影响施工的质量和进度。

9.2.3 大机作业标准

1. 无缝线路地段维修作业要求

(1)安排无缝线路地段维修封锁“天窗”应避开高温时间。

(2)施工前,由工务段将该段线路实际锁定轨温及安全起、拨道量等技术数据送交机械段(公司),并备足道砟,调直钢轨。拧紧螺栓,使钢轨接头螺栓扭力矩达到900 N·m,扣件螺栓扭力矩达到80～120 N·m。

(3)作业时,工务段应指派专人在施工地段测量轨温,在实际锁定轨温增减10℃范围内允许作业。

(4)捣固车、动力稳定车、配砟整形车应紧密配合,形成流水作业,确保作业后的线路迅速得到稳定。

(5)为保证作业安全和作业质量,起道量一次不宜超过50 mm,拨道量一次不宜超过80 mm,曲线地段上挑下压量应尽最接近。作业后,直线地段道床肩宽应不小于400 mm,曲线地段应按标准加宽。

(6)作业中,机组人员应随时监测线路变化,发现胀轨迹象,要立即停止作业,由工务段迅速组织抢修队伍进行处理,并使大型养路机械安全退出胀轨现场。

(7)作业后三日内,工务段应派有经验的巡检人员巡回检查线路状况,发现胀轨预兆及时处理。

2. 无缝线路地段大修作业

(1)无缝线路地段大修作业时的轨温应严格控制在锁定轨温上、下允许偏差范围内,否则需放散应力后再进行清筛作业。

(2)作业中应严格执行钢轨的测温制度,在实际锁定轨温增减10℃范围内允许作业。

(3)作业前应根据清筛深度和道床的不洁率备足道砟。

(4)作业前应调直钢轨,不允许在1 m范围内出现0.5 mm以上的原始不平顺;检查钢轨接头螺栓和扣件的紧固状态,确保钢轨接头螺栓扭力矩达到900 N·m,扣件螺栓扭力矩达到80～120 N·m。

(5)作业中,清筛机、配砟整形车、捣固车、动力稳定车应采取紧密流水作业方法,使道床在清筛后能及时得到补砟、捣固,尽快恢复稳定。

(6)为保证大型养路机械大修作业的安全和质量,清筛机起道高度不应超过30 mm;轨向应尽量保持平顺,两侧边坡道砟回填要均匀。在曲线地段外股道砟应略多于内股。作业后,直线地段道床肩宽应不小于400 mm,曲线地段应按标准加宽。

(7)作业中,大型养路机械机组人员应随时监测线路变化,发现胀轨迹象要立即

停止作业，由工务段迅速组织抢修处理，并使大型养路机械安全退出胀轨现场。

3. 一般清筛作业

(1)一般清筛作业前，利用封锁前的慢行时间，进行如下准备工作：

①拆除清筛地段内影响机械作业的障碍，包括宽 2.75 m 以下的人行道口；

②在当日清筛施工的起点沿轨道方向开挖长度 1 000 mm，宽度大于计划清筛宽度 300 mm，深度等于计划清筛深度的导槽坑，导槽坑下方的道砟堆积角度要小于 30°；

③各台大型养路机械的操纵人员均应掌握当日作业地段的清筛深度、设计标高、线路平纵断面几何尺寸的大修设计要求以及当日作业的其他要求。

(2)封锁命令下达后，大型养路机械大修机组连挂进入封锁区间，立即解体并按要求分别就位。

(3)清筛机在确认邻线无来车时，联结导槽和挖掘链。

(4)清筛机在初始清筛阶段不宜起道过高，以免线路形成高包。

(5)清筛机清筛后，施工负责人应立即组织配砟车上砟以及捣固车起拨道捣固作业和稳定车稳定作业，使线路尽快达到安全放行列车的条件。

(6)大修机组各车型进行施工作业时，应注意相互间的联系，各车的作业间隔距离不得少于 10 m。邻线来车时要加强防护，不得进行可能侵入邻线限界的作业。

(7)施工完毕后，各车连挂，由施工负责人通过驻站联络员与车站联系，使大修机组尽快返回车站。

4. 换道床作业

(1)换道床作业前，利用封锁前的慢行时间，进行如下准备工作：

①在计划换道床地段，将枕木盒表面及枕木头外 2/3 可筛分道砟进行人工清筛处理，并装入箩筐，堆放在线路两侧不侵入限界处待用；

②在清筛机后应编入风动卸砟车，卸砟车数量视换道床所需新砟数量而定；

③其他准备工作同一般清筛作业。

(2)封锁命令下达后，大修机组连挂进入封锁区间，立即解体并按要求分别就位。

(3)放下清筛机上导槽抽板，使挖掘出的石砟不经过振动筛，直接落入污土输送带抛出线路外。

(4)清筛机换道床作业的挖掘和推进速度应由污土输送带的运送能力来确定。

(5)当道床道砟被抛弃后，应迅速将事先堆放于线路两侧的清砟倒入道床，每隔 4 根轨枕应垫实 2 根轨枕，做到枕底石砟厚度不少于 200 mm，使线路不至于下沉量过大。

(6)风动卸砟车应紧随清筛机后及时均匀补咋，以满足机械起道、捣固用砟。

(7)其他作业要求同一般清筛作业。

5. 换道床和垫砂作业

(1)换道床和垫砂作业前,利用封锁前的慢行时间进行如下准备工作:第一,根据垫砂用量,预卸黄砂并装筐待用;第二,其他准备工作,如清筛边坡、石砟装筐、清除障碍等项均与换道床作业相同。

(2)封锁命令下达后,大型养路机械大修机组按换道床的要求组织作业。

(3)当道床道砟(包括砂层)被抛弃后,应迅速将堆放于线路两侧的黄砂先倒入路基面,并刮平拍实;确保黄砂宽度为 4 m,厚度为 200 mm。

(4)在砂层上再倒入清砟,并按换道床作业要求串实、补砟。

(5)垫砂地段因挖掘比较深,轨面下沉量大,应分层多次进行起、捣作业,以尽快恢复线路,使之达到放行列车的要求。

6. 清筛后线路的起道整理作业

(1)大型清筛机清筛后的线路,必须进行起道整理作业。起道整理作业由配砟整形车、捣固车、动力稳定车联合完成。

(2)起道整理后的线路应达到《铁路线路修理规则》所规定的验收标准。

9.2.4 大型养路机械施工组织

1. 大型养路机械运用方式

大型养路机械维修线路作业,由捣固车、稳定车和整形车各一台组成联合机组进行。由捣固车进行线路起拨道和抄平,稳定车担当线路夯实稳定,整形车负责线路清整。联合机组作业效率为 900~1 000 m/h。

大型养路机械修理线路施工方式,可分为单套、双套和多套机组同时进行等不同形式,应择优选用。研究表明:

(1)同一区间内采用两套机组同时进行线路修理作业,效率较高,施工占用区间较少。

(2)同一“天窗”内,以两个区间同时进行线路修理的方式所需工期较短,可减少施工对运输生产的影响。由于铁路运输连续性很强,即使是单个区间施工,也会影响整个线路区段正常运输。因此,在同一“天窗”内可适当增加区段内施工区间数量。

同时进行线路修理施工的区间愈多,当日对区间通过能力的影响就愈大,完成全区段线路修理任务所需要的施工天数就减少。因此总的来看,采用一个以上区间同时进行线路修理施工方式,可减少线路修理施工对运输生产的影响。但在同一时间内线路修理施工区间数量愈多,对客货列车旅行速度、机车车辆周转时间、列车运行秩序的干扰则愈大,而且运输不安全因素也大大增加。所以,同时进行线路修理的区

间数量不宜太多，以1～2个区间为宜。

同一“天窗”内同时进行线路修理施工区间的分布不同，对区间通过能力的影响也不同。以相间隔的两个区间同时施工，对区间通过能力的影响较小，即在同一区段内相邻的两个奇数或相邻的两个偶数区间同时进行施工最为有利。因为相邻区间同时施工会形成单线大区间分布状态，而相间隔的两个区间同时施工则形成单双线分布状态，较单线大区间分布状态有利于行车组织和扩大区间通过能力。

2. 影响大型养路机械作业效率和作业质量的因素

影响大型养路机械作业效率和作业质量的因素是多方面的，既有人的因素，也有机械状态的因素；既有管理因素，也有环境因素。

(1)合理配置机组，提高综合效益。线路修理与铁路运输在某种意义上是一对矛盾。以最短的时间对线路进行高质量的修理，是采用大型养路机械的出发点和目的。如果只以少量的机械占用很长时间维修一条线路，就体现不出大型机械高效的优越性。

机组的组合应考虑以下情况：综合作业效率力求最高；各种作业车的单车效能能够得到充分发挥；对每台作业车能够进行灵活有效的指挥；辅助作业时间不能过长；工务段具备地面配合工作的能力；站内具备停放全部施工车辆(包括生活后勤车辆)的条件。

当机组按2台捣固车、1台整形车和1台稳定车组合时，其辅助作业时间分别为：第一台捣固车50 min，第二台捣固车54 min。如按封锁线路150 min测算，机组日进度为2.640 km，单台效率为1.320 km。这种组合的编组为：稳定车——整形车——1号捣固车——2号捣固车。稳定车编到一端，是为了让其担当牵引任务，以尽量减少捣固车的磨损。由于整形车与稳定车在作业中无法越过捣固车，因此，对当日捣固后的线路只能完成1台捣固车的整形和稳定任务。有条件时次日(在同一个区间作业)再进行一遍整形和稳定作业。

当机组按3台捣固车、2台整形车、2台稳定车组合时，其编组顺序为：1号稳定车——1号整形车——1号捣固车——2号捣固车——3号捣固车——2号整形车——2号稳定车。各台捣固车的辅助作业时间分别为：1号车50 min，2号车54 min，3号车58 min，机组日进度为3.880 km，单台效率1.300 km，可对三分之二捣固完的线路进行整形和稳定，作业组织指挥基本能够适应。如果一个机组的作业车超过7台，组织指挥就比较困难。

上述两种机组形式，在完成一条线路的修理任务时，后者比前者少占用线路时间1/3。在机械设备数量较多的条件下，还可组织两个机组在同一条线路的不同区间进行作业，综合效益更佳。

(2)合理确定线路封锁时间。提供一定的线路封锁时间,是保证作业效率的重要条件之一。封锁时间过短,大部分时间被辅助作业所占用,而人员及设备的间接消耗量是固定的,因此在经济上是不合理的,有时甚至产生负效应。一般情况下区间封锁点少于2h就几乎无法作业,但如要求封锁点时间过长,停运的主要列车在一日内难以调整,对运输将造成一定影响,实现不了"施工与运输兼顾"的要求,这对发挥综合效益也是不利的。权衡得失,大机作业封锁线路的时间最好为3h,确有困难时也不应少于2.5h。表9.2为不同的封锁时间内,有效时间的利用率、单机效率的对照情况。

表9.2　不同封锁时间作业效率对照表

封锁时间（min）	辅助时间（min）	纯作业时间（min）	单机效率（km/h）	时间利用率（%）	效率增建（%）
120	50	70	0.471	58.3	−19.3
150	50	100	0.539	66.7	−7.8
180	50	130	0.584	72.2	0
240	50	190	0.640	79.2	+9.6

(3)优化各道工序的每一个环节。大型养路机械修理线路的一般作业工序是:办理封锁线路手续;运行到作业地点;摘解作业车;作业准备;线路修理作业;机械整理;机组连挂;返回站内;办理开通线路手续。

具体优化措施如下:

①努力压缩办理封锁线路手续的时间。

②往返运行方式不同,占用的时间也不同,大型机械的停留站最好是作业区间的相邻站。如果从停留站到作业区间需跨区间运行,应在封锁点之前将作业车先行至作业区间的相邻站待发,以减少封锁点之内的运行时间。

③站内正线修理尽量不占用区间封锁点,列车通过站内时一般均有绕行条件,封锁点相对容易解决,特别是在大型机械的停留站、可采取临时要点的办法安排作业,以减少封锁区间的次数和时间。

④明确各道工序的职责,避免质量返工。在机组内部,从运行、摘解、准备,到机械整理、连挂,每道工序的每一项作业,都要分工明确、职责分明、配合紧密、紧张有序,在确保作业质量的基础上力争高效率。工务段的良好配合,也是取得优质高效的重要条件。根据经验,造成质量返工的大部分原因是数据输入不准或有误。造成返工,不仅影响当日进度,有时会打乱整个计划,有的不得不放弃某段线路的修理以保证按既定的封锁点计划进行。

⑤选定合理的工作参数精心操作。工作参数(如镐头下插深度、夹持时间、稳定工作速度、振动频率等)的选定,应根据不同的道床状态,在保证质量的前提下力争高效率。道床的清洁饱满是保证修理质量的前提条件。新线道床的捣固应保证最大的下插深度和进行全面稳定,有条件时应增加捣固和稳定次数。既有线道床最好在大修清筛后两三年内安排大机修理。板结严重的道床不仅达不到满意的修理效果,而且对机械的损害也十分严重。对于线路的有缝接头、桥头、道口及个别起道量超过50 mm 的地段,应进行两次捣固。捣固车的起拨捣作业在当日计划地段内尽可能连续完成,尽量减少“接茬”处所,特别是在曲线地段,更应避免“接茬”。各种机械车的每一位操作人员,都要精心对待每一项操作,在有限的封锁点内,充分发挥大型机械的效能。

⑥根据线路的不同特点,合理安排作业季节。北方地区冬季气候寒冷,线路冻结,作业车无法正常工作,所以不能从事线路维修作业。在夏季的 6～8 月因温度较高,无缝线路不能作业。根据这些情况,在制订全年工作计划时,就需把大型机械的修理工作安排到冬季进行,力求修理的完全彻底,以保证线路修理作业开始后,不再占用很多时间从事机械修理工作。在考虑线路维修任务时,要将无缝线路与短轨线路相搭配。春秋季在无缝线路地段作业,夏季在短轨地段作业,春季由南往北推进,秋季由北往南收尾,达到任务饱满均衡、自然环境与人机要求相适应的目的。

⑦加强对机械的检修保养,减少机械故障。大型机械的性能状况直接关系到线路维修的效率与质量,同时涉及安全问题。因此,除在冬季检修中进行全面检修外,加强日常的检查保养,也是保证正常使用的重要环节。要坚持“定期、定时、定人、定位”的检查保养制度。车队应具备必要的修复能力,车组应备有常用的易损配件,确保安全与质量的同时,最大限度地减少停机时间。

3. 大型养路机械在繁忙干线上作业的施工组织

(1)大型养路机械作业的车辆编组。进入区间的大型养路机械按作业程序划分为四个专业组,即清筛换砟车组、卸砟车组、抬道捣车组和整细验交车组。

①清筛换砟车组。编组顺序为整形车、清筛机、捣固车。其中整形车主要进行分砟作业,即将道床砟肩部位的道砟尽可能切分到清筛机扒链范围以外,减少每米道床实际通过清筛机的道碎数量,从而达到加快在封锁时间内清筛换砟进度的目的;捣固车的作用是对挖去“面”砟后的“荒”道进行起、拨、捣作业,确保卸砟车作业的安全。施工中大型清筛机配置的数量,应根据机械保有量状况和日进度的要求决定。

②卸砟车组。卸砟采用风动卸砟车。每日卸砟数量依据日换砟进度和阶梯提速抬道长度、抬道量计算结果确定。一般在换砟日进度为 1.2 km 及阶梯提速进度正常稳定进行的情况下,日卸砟应在 2400～2800 m^3 左右,但考虑到卸砟车组需每日返场

装车，现场还应配备必要的周转卸砟车组。

③抬道捣固车组。卸砟车组后面的作业，由整形车、捣固车和动力稳定车来完成。各种车的数量和型号依据日换砟进度和本单位的设备保有量确定，一般情况下按整形车、捣固车、捣固车、整形车、捣固车、动力稳定车的顺序编组。

④整细验交车组。在列车速度为 120 km/h 的条件下，线路经 24 h 的运营使用后，再进行一次加强捣固和稳定作业，以确保作业后客车按图定 160 km/h 的速度安全运行。本次作业完毕，经施工、监理和设备管理单位共同检查、签认后，该施工段的维修、保养和安全的责任就移交给设备管理单位。但经过相当长的一段时间运行后，全线按设计要求提速到 200 km/h 之前，线路还应再安排一次大机整细和钢轨打磨作业。

(2)区间施工作业程序。在线路封锁前一天需对施工段进行测量，埋设标桩，标注设计标高、起道量、拨道量并处理障碍物。在现场实际操作时，大于 150 m 的地段一般采用大机进行换砟施工，小于 150 m 的地段采用人工作业。

施工程序如下：

①线路封锁前 1 h，列车限速 45 km/h，在清筛机作业地点进行线路开槽，为埋扒链做准备。

②清筛换砟作业车组连挂进入区间，到达各车预定的作业地点后解体作业，可采用人工清筛换砟车组切分到扒链以外的污砟，整细车组连挂进入整细地段作业。

③清筛作业完成后，区间所有车辆退回安全区待避，卸砟车组进入区间在当日换砟地段和整细地段进行第一次卸砟，卸后回场装车。

④整细车组进入区间作业，完毕后退出。

⑤卸砟车第二次进入区间卸砟并退出。

⑥整细车组进入区间进行第二次起、拨、捣作业，作业完毕后所有车辆连挂退出。

⑦施工负责人检查线路并确认达到放行列车条件后，撤除线路封锁标志，按阶梯提速的要求设好慢行防护，妥善安排好巡检，经监理和监护单位主管人员检查确认后开通线路。

9.3 养路机械作业安全

9.3.1 大型养路机械作业安全规则

依据《铁路工务安全规则》，在大型养路机械运用的过程中，制定了明确安全条令，并要求在实际运用中严格遵守。

各机械车驾驶员及操作人员，必须经过技术培训、考试合格并持有驾驶证和操作

证，按所取得的相应岗位资格持证上岗。

各机械车驾驶员及操作人员应按分工对车辆的走行、制动、油路、电路、工作装置、锁定装置及车内备品、信号用具等进行全面检查，确认齐全、完好后方准出车。

大型养路机械作业前，施工负责人应掌握施工地段的线路设备状态，作业前对员工进行有针对性的安全教育，制定出相应的安全措施及注意事项，下达各机械车执行。

大型养路机械编组挂运或进行施工作业时，必须指派一名施工负责人统一指挥。各机械车按规定排列顺序解体作业时，必须保持不小于10 m的安全间距。各工作装置放下或收起必须准确到位；清筛车、配砟车在双线地段放下工作装置时，应和驻站联络员取得联系，确认邻线无来车时方准放下；在线间距不足4.2 m的双线区段作业时，配砟车靠邻线一侧的犁板严禁作业。大型养路机械无火回送或远距离转移施工地点时，应编挂在列车尾部。严禁大型养路机械溜放、通过驼峰和作为动力对货物列车进行调车作业。大型养路机械押车人员在列车运行时，必须在驾驶室内关好车门。身体不得探出车外。并注意倾听走行系统有无异响，动车时观察是否缓解，发现问题时应用无线电话及时通知押车负责人，以便采取应急措施。

在电气化铁路区段，押车人员不得登上车顶，停车检查时应避免与接触网支柱及其附近金属结构物接触。遇接触网断线或其他接触网附件损坏时，所有人员不得接近，并与其保持10 mm以上的距离。

大型养路机械作业时，应按《铁路工务安全规则》有关规定做好施工防护。施工封锁前的准备作业和线路开通后的整理作业应根据需要办理施工慢行手续。在无人值乘停留时，必须采取防溜措施，并在两端各50m处设置移动停车信号。

大型养路机械在施工作业中，应注意下列事项：

(1)各机械车在封锁区段独自运行时，续行间隔不得小于300 m，速度不得超过40 km/h，并应做好随时停车的准备。

(2)清筛机在作业中应注意接触网支柱、信号机及其附属设备等障碍物，以防刮碰。

(3)捣固车在圬工桥面作业时，必须事先拆除护轨，测定轨枕底下道砟厚度，如厚度不足150 mm时，严禁进行捣固。

(4)配砟整形车在作业中应注意信号机及其附属设备等障碍物，以防刮碰；在电气化区段作业，接近接触网支柱、信号机及其附属设备等障碍物时，应提前收回侧犁，通过后再作业；在道心内有障碍物时，应及时提起中心犁。

(5)稳定车在线路水平严重不良地段严禁进行稳定作业。

(6)桥梁上的稳定作业应严格控制，必须在桥梁上进行稳定作业时，应制定安全

措施。稳定装置应在桥台外起振、停振；作业中设备管理单位应随时观测桥梁状态，发现异常时，应通知稳定车停止作业，在技术状态不良的桥梁上严禁进行稳定作业。

在夜间施工作业时，大型养路机械及施工现场必须有充足的照明。

大型养路机械应配备车载列车无线调度电话、无线电话等通信设施及灭火器具、防护信号用品。作为本务机运行的大型养路机械还应配备机车信号、运行监控装置等行车设备。按机组配备复轨器和捣固装置顶升设备，并经常保持完好，缺少或损坏时，应及时补充或修复。

机组人员对油箱和油路部位应经常进行检查，防止漏油，在车上和车下检修作业中严禁吸烟。

大型清筛机作业时，为防止挖砟导槽、筛箱和污土输送带堵塞，应保证清筛作业的连续性，避免中途停机，即使在双线并行地段，邻线有车通过时，也不宜停止。由于挖掘导槽附近的石砟处于不稳定状态，邻线高速列车产生的气流冲击会造成石砟飞迸，危及行车和人身安全，大型机械在线间距小于 6.5 m 地段进行清筛、铺轨排作业，邻线通过列车速度不应超过 120 km/h。

9.3.2　大型养路机械修理规则

采用大型养路机械进行线路综合维修作业时，应拆除所有调高垫板，全面起道，全面捣固。采用小型养路机械时，可根据线路状态重点起道，全面捣固。

大型养路机械维修作业要求如下：

(1)使用大型养路机械作业，有关部门应密切协作，确保施工安全，正点开通。使用大型养路机械进行线路维修作业时，应组织捣固车、动力稳定车、配砟整形车联合施工。在无缝线路地段作业时，封锁线路应避开高温时段。

(2)捣固车一次起道量不宜超过 50 mm，起道量超过 50 mm 时应分两次起道捣固；一次拨道量不宜超过 80 mm，曲线地段上调、下压量应尽量接近。每次作业后应进行道床动力稳定。

(3)使用大型养路机械进行线路维修前，工务段应向施工单位提供有关线路技术资料。大型养路机械作业中应根据上述资料做好起道、拨道、捣固、夯拍工作。大型养路机械作业前，工务段应做好补充石砟、更换伤损胶垫和撤除作业地段调高垫板、道口铺面、有砟桥上护轨等工作。

(4)为保证捣固作业质量，步进式捣固车捣固频率每分钟不得超过 18 次，连续式捣固车捣固频率不得超过 22 次。对桥头、道口、钢轨接头 4 根轨枕等薄弱处所，应按照工务段标记增加捣固次数。

(5)大型养路机械在无缝路线地段作业时，作业轨温条件为：一次起道量小于

30 mm，一次拨道量小于 10 mm 时，作业轨温不得超过实际锁定轨温±20 ℃；一次起道量在 31～50 mm，一次拨道量在 11～20 mm 时，作业轨温不得超过实际锁定轨温－20 ℃～＋15 ℃；在高温季节作业时，作业中机组人员应监视线路状况，发现胀轨迹象应立即停止作业。

9.3.3 小型养路机械、机具作业安全

1. 小型养路机械作业安全

凡上道使用涉及行车安全的小型养路机械，必须经过铁路产品认证。小型养路机械、机具及防护设备应专管专用，加强日常检修和定期检查，经常保持良好状态。未设置安全装置、未经产品认证和状态不良，严禁上道使用。

在线路上使用小型养路机械作业时，应由线路工长担任施工负责人。各种小型养路机械的操作人员，必须经技术业务培训并考试合格由段批准后方可上岗。

小型养路机械上道作业时，施工负责人应确认设置好防护；防护设备应采用自动报警器或无线通信等装置。

使用小型机械作业时，其下道架应由专人负责，并随主机移动，距离不得大于 15 m。

小型养路机械、机具、防护电话和自动报警器等必须性能良好方可上道；如在作业中发生故障，应停机下道进行检修。采用成组机械作业时，应由施工负责人统一指挥送、断电工作。

结束作业时，下道后的小型养路机械必须放置稳固，不准侵入限界，采取防溜措施，并加锁固定。下道架不得向线路方向倾斜。

2. 机具使用安全

上道使用的机具，必须经过产品认证，否则不得上道。

机具使用前应确认油、水、电、连接件是否符合使用要求，防护装置是否齐全可靠，显示仪表是否正常，整机是否符合现行的安全使用办法。使用中发现故障需紧急处理时，应先停机、切断电路、风路、动力油路等，撤离线路建筑限界以外进行处理，在未确认故障已得到处理的情况下，不得继续使用。

机具应由专业组或专业人员负责使用、检修、保养、登记工作日志。

皮带轮、皮带、链轮、链条、齿轮、砂轮、砂轮切割片和风扇等露出机体的传动和转动部件，应有符合设计图纸规定的防护设施。转动部件应标有旋转方向指示标志，只允许一个方向旋转的设备，应设置有反转自锁装置。

切轨机、打磨机等机具操作人员应按规定穿戴劳动保护用品。机具应按规定安装漏电保护装置。用切轨机切割钢轨时，其他人员应远离锯轨机两侧和前方，防止锯

片破碎伤人；钢轨打磨时，其他人员向远离打磨前方。

多台机械配合作业时，应明确施工负责人与安全负责人之间、机械与机械之间的联系方式，并由施工负责人负责现场指挥。在时间允许的情况下，任何一台机械的启动或停机，都应提前通知施工负责人和安全负责人，并及时通知相关机械的操作人员。

在无人行道栏杆的桥梁上操纵动力机械时，应设置有安全栅栏。

9.3.4 大型工程机械作业安全

挖掘机、装载机、推土机等大型工程机械在铁路安全保护区内进行有碍行车安全的施工时，应取得电务、通信等部门对电缆埋设位置的确认，应与相关部门签订安全协议，并现场配合，方准施工。施工时应设置一机一人专人防护，列车接近前应停止作业。停工时机械停放安全地点后，防护员方可离开现场。

复习思考题

1. 说说“天窗”作业的作用及合理时间。
2. 大型养路机械作业时，工务段应提供的技术数据有哪些？
3. 影响大型养路机械作业效率和质量的因素有哪些？
4. 大型养路机械作业特点。
5. 大型养路机械在无缝线路地段作业时，对轨温条件有哪些要求？
6. 简述工程机械在铁路安全保护区内的作业安全。

参 考 文 献

[1]韩志青,唐定全．抄平起拨道捣固车．北京:中国铁道出版社,2009.

[2]汪奕．钢轨打磨车．北京:中国铁道出版社,2008.

[3]寇长青,宋慧京．全断面枕底清筛机．北京:中国铁道出版社,2006.

[4]陈峰,毛必显,王跃．配砟整形车．北京:中国铁道出版社,2008.

[5]何学科．机械养路．北京:中国铁道出版社,2008.

[6]陈选民．养路机械基础．北京:中国铁道出版社,2007.

[7]徐光华．施工与养路机械．北京:北京理工大学出版社,2010.

[8]毛必显．轨道动力稳定车．北京:中国铁道出版社,2008.

[9]余贵川,曾孟彬．大型养路机械运用管理．北京:中国铁道出版社,2008.

[10]卢庆华,徐培全．钢轨焊接技术及质量监控．焊接技术,2010,39(1).